reinhardt

Christina Wagner • Andreas Ascherl

Die Lieben des Lebens

Kurzgeschichten für Senioren
zum Lesen und Vorlesen

Großdruck

Ernst Reinhardt Verlag München Basel

Christina Wagner, geb. Zieger, Amberg, verfasst als Mitglied einer Schreibwerkstatt seit vielen Jahren hauptsächlich Kurzgeschichten. Besonders liegen ihr Geschichten für Senioren am Herzen, die zu anregenden Gesprächen zwischen Jung und Alt führen.
Andreas Ascherl, Amberg, ist Journalist und schreibt auch gerne Geschichten, die zum Nachdenken anregen und alte und junge Menschen gleichermaßen begeistern.

Von Christina Wagner, vorm. Zieger, ebenfalls im Ernst Reinhardt Verlag erschienen: Helga Blum, Christina Zieger: „Und immer wieder lockt das Leben. Kurze Geschichten für Senioren zum Lesen und Vorlesen" (ISBN 978-3-497-02581-7, 2. Aufl. 2017).

Bibliografische Information der Deutschen Nationalbibliothek

Die Deutsche Nationalbibliothek verzeichnet diese Publikation in der Deutschen Nationalbibliografie; detaillierte bibliografische Daten sind im Internet über <http://dnb.d-nb.de> abrufbar.

ISBN 978-3-497-02710-1 (Print)
ISBN 978-3-497-60419-7 (PDF)

Printed in EU
Covermotiv: © iStock.com/FooTToo
Satz: Sabine Ufer, Leipzig

Ernst Reinhardt Verlag, Kemnatenstr. 46, D-80639 München
Net: www.reinhardt-verlag.de E-Mail: info@reinhardt-verlag.de

Inhalt

Karl Valentin 7
Mit Pauken und Trompeten 16
Du klingst in meinem Herzen! 23
Eins zu Null fürs Leben 32
Der Geburtshelfer 40
Der Blitz. 47
Petticoat 52
Ein Lächeln geht auf Reise 58
Gut behütet 66
Kartoffelkäfer 74
Das Glücksmädel 80
Glückauf! 86
Pizza für Laura 94
Vorfahrt für Irene 102

Karl Valentin

Denke ich an meine erste Liebe, dann erinnere ich mich gleichzeitig an den Herbst 1944. Damals war ich 12 Jahre alt und musste mit meiner Mutter und den Großeltern aus Bajmok (Deutsch: Nagelsdorf), Kreis Subotica fliehen. Mein Vater war leider im Krieg gefallen. Ich war eine sehr gute Schülerin, sprach Serbisch, Ungarisch und Deutsch, konnte in Ungarisch und Deutsch auch lesen und schreiben. Im kommenden Schuljahr in der alten Heimat wollte ich an die Oberschule gehen, die mich nach einer erfolgreichen Aufnahmeprüfung angenommen hatte. Mein Traumberuf war Lehrerin, und mit dieser Prüfung war ich ihm ein Stück näher gekommen. Als dann überraschend unsere Flucht begann, hatte ich keine Vorstellung davon, was das für mich und meine Zukunftsträume bedeuten könnte. Als einziges Kind von zwei berufstätigen Eltern, mit einer Wäschefrau für den Haushalt und einem Knecht für unsere Pferde, die Kuh, das Schwein, die Tauben und das Geflügel, fehlte es mir bis dahin an nichts, und ich führte ein glückliches und sehr behütetes Leben.

Bis der Krieg bei uns einzog. Die Situation spannte sich immer mehr an und über Nacht, so erschien es mir wenigstens, mussten wir fliehen. Mit gerade einmal 12 Jahren musste ich meine geliebte Heimat verlassen. Ich erinnere mich noch, dass jedem Familienmitglied ein Koffer zustand, der mit persönlichen Dokumenten, Wäsche und anderen Habseligkeiten vollgestopft wurde. Auf dem eilends zusammengenagelten Planwagen machten wir noch Platz für eine der Nachbarfamilien, die keine eigene Reisemöglichkeit hatte. Gemeinsam begaben wir uns auf eine lange, beschwerliche Reise. Acht Wochen lang fuhren wir über Ungarn, Österreich und die Tschechoslowakei nach Schlesien, im heutigen Polen. Dort sollten wir sicher sein, so hofften wir. In Gottesberg wurden wir dann auch freundlich aufgenommen, anfangs in einem Flüchtlingslager mit dutzenden von Hochbetten, wo wir auch endlich wieder drei geregelte Mahlzeiten am Tag bekamen. Nach einigen Wochen entspannte sich die Wohnsituation weiter, meine Mutter und ich wurden bei einer älteren Dame privat untergebracht. Doch der Krieg holte uns noch einmal ein, und gemeinsam mit den Schlesiern, die uns aufgenommen hatten, wurden wir in Züge verladen und in Richtung Deutschland transportiert. Nun begann eine gefährliche Fahrt. Immer wieder unterbrochen von Fliegeralarmen und dem angeordneten Nachtfahrverbot, fuhren wir einem unbekannten Ziel entgegen. In die Heimat meiner Vorfahren. Zehn Tage lang teilten wir uns mit 34 anderen Flüchtlingen ein Abteil, und außer zwei gegenüberliegenden Holzbänken fand kein Mobiliar im Wagen Platz. Selbst wenn man sehr eng zusammenrückte, waren lediglich 14 Sitzplätze vorhanden, und so mussten viele der Reisenden abwechselnd stehen oder auf ihren Koffern sitzen. Den älteren Flüchtlingen gewährte man längere Zeit auf den Bänken, ansonsten wurde im Zweistundentakt durchgewechselt. Nachts schliefen wir auf dem Boden, mit unserem Koffer in der Hand, zusammengepfercht auf engstem Raum. Männer gab es wenig, vier alte Herren und einen Jungen, der ungefähr so alt war wie ich und daher noch nicht zur Wehrmacht eingezogen worden war. Er hatte blondes, struppiges Haar, ein langes ovales Gesicht und eine markante Nase. Mit seinen langen, dünnen Beinen bewegte er sich wie auf Stelzen, soweit das unter diesen beengten Umständen überhaupt möglich war. Seine Augen waren ständig in Bewegung, und sein Mund schien mich permanent zu verspotten. Wenn ich anfing Trübsal zu blasen, brachte er mich mit seinen Grimassen zum Lächeln. Er machte es sich zur Aufgabe, immer auf der Holzbank genau mir gegenüber Platz zu nehmen. Dafür ließ er sogar anderen den Vortritt, wenn es auf meiner Seite einmal länger dauerte. Ich hatte das wunderbare Gefühl, dass inmitten dieser schrecklichen Fahrt, dieser Junge mit seinen lebhaften Blicken Geschichten zu mir herüberwarf und unsere Gedanken ineinander verwoben waren. Ohne ein einziges Wort unterhielt er mich, und seine Anwesenheit gab mir das Gefühl, dass diese Reise nicht real war, ein Traum, nicht mein wirkliches Leben. Und dieses Gefühl ließ mich Tag für Tag überstehen, ohne dass mich die große, dunkle Angst in meinem Kopf überrollen konnte.

Nach unendlich langen 10 Tagen wurden wir ausgeladen und am Bahnhof von mehreren Ochsengespannen abgeholt. Noch nie im Leben hatte ich davor gesehen, dass jemand mit Ochsen ein Fuhrwerk zog. Wir wurden in ein Wirtshaus gebracht und mit ungefähr 70 Personen auf dem ehemaligen Tanzboden untergebracht. Mein junger Begleiter, den ich heimlich Valentin nannte, weil ich im Deutschunterricht einmal von einem Komödianten mit Namen Karl Valentin gehört hatte, der ihm wohl sehr ähnlich sah, wurde nach ein paar Stunden von uns getrennt und als Stallbursche untergebracht. Zu dieser Zeit waren Männer Mangelware, und auch Buben wurden für schwere Arbeiten herangezogen. Als er sein Hab und Gut zusammengepackt hatte, kam er zu mir an meine Pritsche, auf der ich noch immer benommen von der Reise saß, und gab mir zum Abschied die Hand.

Er sah mich lange an, bevor er das erste Wort zu mir sagte: „Du bist das schönste Mädchen, das ich je in meinem Leben gesehen habe, und wenn ich erwachsen bin, werde ich dich heiraten."

Ich wurde rot wie eine überreife Tomate, und alle um mich herum begannen zu lachen.

Mein Großvater aber gab ihm einen Klaps auf den Hinterkopf und schickte ihn weiter: „Geh, und mach deine Arbeit, mein Junge, du bist ja noch grün hinter den Ohren."

Meine Großmutter, die wohl viel praktischer dachte, rief ihm hinterher: „Schau, dass du erst mal was Gescheites lernst, Junge. Aus dir kann mal was werden."

Danach verloren wir uns aus den Augen und mit den weiterwandernden Jahren auch aus dem Sinn.

Entgegen meiner ursprünglichen Pläne konnte ich im zerstörten Nachkriegsdeutschland keinen höheren Schulabschluss machen. Doch da ich mich sehr geschickt anstellte, schenkte mir die Bäuerin, bei der ich mich vorübergehend als Erntehelferin verdingte, eine alte Nähmaschine. Mit dieser Maschine als Kapital begann ich das Handwerk der Schneiderin zu erlernen. Ich spezialisierte mich auf Weißwaren, wichtig für die Aussteuer der jungen Mädchen damals. Außerdem bekam ich alte Bettwäsche, Tücher, getragene Kleider und Mäntel als Bezahlung für Blaubeeren, Preiselbeeren und Holler, welche ich sammelte und bei den umliegenden Bäuerinnen dafür eintauschte. Schon bald eilte mir ein exzellenter

Ruf voraus, und ich konnte vom Verkauf der selbstgefertigten Dirndlkleider, Kinderkleidung und Hemden sowie der Aussteuer leben. Nach und nach kamen auch vornehme Herrschaften zu mir und ließen aus teuren Stoffen moderne Kleidung nach den neuesten Schnitten anfertigen. Meine Mutter und meine Großmutter halfen mir beim Zuschneiden und den Heftarbeiten sowie beim Bügeln und Verpacken. Wir Frauen, drei Generationen vereint, waren bald ein erfolgreiches kleines Familienunternehmen.

Trotzdem war Schmalhans oft Küchenmeister bei uns daheim. Alles Geld, das wir erwirtschafteten, steckten wir in die Einrichtung der Schneiderei oder sparten mit dem Ziel, später wieder ein eigenes Haus zu kaufen. Obwohl ich zu diesem Zeitpunkt erst 21 Jahre alt war, war ich das, was man heute als Karrierefrau bezeichnen würde. Als Preis dafür setzte ich keinen Fuß auf einen Tanzboden, geschweige denn, dass ich meine kostbare Zeit in einem Kino verschwendete. Bis zu dem Tag, der mein ganzes Leben ändern sollte.

Draußen wütete ein Schneesturm und wirbelte die bauschigen Schneeflocken in den Kellerschacht vor das verschlossene Fenster, an dem die ersten Eisblumen blühten. In meiner Nähstube, welche im Untergeschoß des von uns angemieteten Reihenhauses untergebracht war, bollerte ein Kohleofen, der dem Raum behagliche Wärme spendete. Wie immer am Vormittag kümmerten sich meine Mutter und meine Großmutter um den Haushalt und das Mittagessen. Diese ruhigen Morgenstunden nutzte ich gerne, um mich mit besonders wichtigen oder auch schwierigen Kleidungsstücken zu beschäftigen, denn ich brauchte dafür meine volle Konzentration. Meine Stammkunden wussten das und suchten mich normalerweise erst nach dem Mittagessen auf. Ich säumte gerade den Rock eines Hochzeitskleides, und meine neumodische Nähmaschine ratterte gleichmäßig vor sich hin, als jemand ins Zimmer trat. Da ich davon ausging, dass es jemand von meiner Familie war, vollendete ich erst gewissenhaft die begonnene Naht, bevor ich mich umdrehte, um zu fragen, was es denn gebe. Überrascht sah ich in die lebhaften blauen Augen eines fesch gekleideten, jungen Mannes. In seinem widerspenstigen Haarschopf hatten sich vorwitzige Schneeflocken verfangen, die begannen sich in Wasser aufzulösen und auf sein Gesicht zu tropfen. Er machte eine sehr wichtige Miene, und mit den Schneetränen im Gesicht sah das überaus komisch aus. Ich verbiss mir das Lachen und schaute ihn fragend an.

Wie um mir auf die unausgesprochene Frage Antwort zu geben, holte er hinter seinem Rücken einen riesengroßen Strauß roter Rosen hervor. Er überreichte sie mir, zog einen freien Stuhl zu sich heran und stellte ihn direkt gegenüber von mir auf. Nachdem er darauf Platz genommen hatte, fixierte er mich mit seinem Blick und fragte: „Erkennst du mich denn nicht wieder?“.

Jetzt fiel es mir wie Schuppen von den Augen. „Ja der Karl, Karl Valentin“. Schon schämte ich mich für meine Worte. Diesen Namen hatte ich ihm ja damals, auf der Flucht, heimlich gegeben und mir seinen richtigen Namen gar nicht gemerkt.

Er lachte: „Nein, Therese, Karl Valentin bin ich nicht. Du aber bist für mich immer noch das schönste Mädchen, das ich je in meinem Leben gesehen habe.“ Er stand auf, nahm mich in die Arme und küsste mich leidenschaftlich. Und obwohl ich mich einerseits maßlos überrumpelt fühlte, schwebte ich doch auf einen Schlag im siebten Himmel.

Ab diesem Tag haben wir uns, wann immer es möglich war, getroffen. Wir sind gemeinsam zum Tanzen oder ins Kino gegangen, und wenn wir beide zu müde dafür waren, haben wir einfach mit meiner Familie gegessen, sind anschließend in der guten Stube beieinander gesessen und haben uns verliebt an den Händen gehalten. Martin, so hieß er mit richtigem Namen, hatte auf den Rat meiner Großmutter gehört, wie er mir später erzählte, und eine ordentliche Ausbildung gemacht. Dadurch hatte er eine Festanstellung bei Siemens in Nürnberg bekommen, wohin ich bereits ein halbes Jahr später mit meiner Familie umzog – als seine Ehefrau und als Inhaberin eines kleinen Schneiderateliers, das in dem Haus am Stadtrand untergebracht war, das wir uns gemeinsam kauften.

Heute sind mein Mann und ich immer noch glücklich miteinander. Wir erfreuen uns beide guter Gesundheit und sind dankbar, dass wir uns in den Wirren des Krieges kennengelernt haben. In einigen Monaten erwarten wir unseren ersten Urenkel, und der soll den gleichen Namen tragen wie sein Großvater, der unser Erstgeborener war, Valentin.

Mit Pauken und Trompeten

Meine Liebesgeschichte beginnt mitten im Leben.
Wo sie eigentlich nicht hingehört hätte.
Zu meiner Zeit vor allem nicht.

Ich befand mich in einer für damalige Zeiten durchwegs normalen Ehe. Ernst kletterte auf der Karriereleiter nach oben und sollte bald der jüngste Rektor an einer der größten Grundschulen in Baden-Württemberg werden. Ich dagegen kochte, wusch und putzte jeden Tag, und neben der Erziehung unserer drei Kinder blieb mir kaum Zeit, einen Gedanken an mich selbst zu verschwenden. Eigentlich wollte ich nebenbei Klavierunterricht und Gesangsstunden geben, was meiner Ausbildung als Musiklehrerin entsprach, aber irgendwie war nie der richtige Zeitpunkt dafür. Nachmittags arbeitete mein Gatte meist zu Hause und wollte nicht gestört werden. Die Hausaufgaben mit den Kindern, das umfangreiche Sportprogramm und den Musikunterricht übernahm ich. Manchmal war ich verzweifelt über mein Leben, in dem ich mich selbst als leidenschaftliche Frau und Künstlerin nicht mehr finden konnte. Meistens jedoch hatte ich nicht einmal für diese Verzweiflung Zeit. Mein Leben funktionierte wie das Räderwerk einer Uhr, während mein Mann zufrieden mit sich selbst seiner pädagogischen Passion nachging.

Inmitten dieses alltäglichen Einerleis passierte jedoch plötzlich und unerwartet etwas, das mein komplettes Leben auf den Kopf stellen sollte. Während des Wasen, wenn ich mich nicht irre, das größte Volksfest nach dem Oktoberfest, versuchte meine Schwester verzweifelt mich nach allen Regeln der Kunst zu überreden, für sie einzuspringen und an ihrer Stelle in ihrer Musikkapelle mitzusingen. Sie hatte als Krankheitsvertretung ein Arrangement an einem Schauspielhaus in Aussicht, das sie um nichts in der Welt absagen wollte. Das war die große Chance in ihrem Leben, unverheiratet und ohne Kinder, auf den Brettern zu landen, die die Welt bedeuten. Seit Jahren hatte sie auf so eine Möglichkeit gewartet. Blut wäre ja immer noch dicker als Wasser, redete sie mir ein, und ich hätte im Gegensatz zu ihr ja meine Schäfchen bereits ins Trockene gebracht. Über meinen Kopf hinweg hatte sie bereits mit meinem Mann geredet und ihm versprochen, während der notwendigen Probenzeiten unsere drei Kinder zu beaufsichtigen. Damit war es dann ja eigentlich schon entschieden.

So kam es, dass ich an einem schwülen Julitag, bekleidet mit meinem einzigen leichten Sommerrock, der bedruckt war mit bunten Blumen und noch einigermaßen vorzeigbar war, sowie einer ärmellosen weißen Bluse zur ersten Probe ging. Und mich dort Hals über Kopf in den zehn Jahre jüngeren Saxophonisten verliebte. Da ging kein Werben oder Annähern voraus, ich sah ihn, und um mich war es geschehen. Klaus-Peter sah phantastisch aus und hätte jede andere – und vor allem jüngere – Frau haben können. Er aber interessierte sich für mich, eine verheiratete, aus seiner Sicht wesentlich ältere Frau, und die Würfel waren gefallen. Er besaß ein Appartement in der historischen Altstadt von Bad Cannstatt, unweit des Wasen, wo zu dieser Zeit viele Künstler lebten. Zunächst heimlich nutzen wir diese Gelegenheit, um nach den Proben zusammen zu sein. Seine lebenslustige, abgehobene Art ging mir unter die Haut, und ich hatte das Gefühl, dass ich erst jetzt, mit fast vierzig, begriff, was Liebe sein kann.

Bei mir zu Hause allerdings gab es zunehmend Probleme, unser Haussegen hing schief. Was nicht zuletzt damit zusammenhing, dass ich auf Wolken schwebte und daheim eigentlich nur mehr körperlich anwesend war. Mein Verstand war mir verloren gegangen, und die Lücke in meinem Kopf wurde von rosa Watte ausgefüllt. Meine Familie und auch meine Freunde erkannten mich nicht wieder. Ich jedoch hatte das Gefühl, mir endlich wieder ähnlicher geworden zu sein. Wie es der Teufel wollte, kam mein Mann zufällig zur letzten Probe vor dem Wasenauftritt vorbei und wollte mich mit nach Hause nehmen. Er hatte beruflich in der Nähe zu tun gehabt und erwischte uns in flagranti. Erst schwieg er betroffen. Dann schrie er mich an und warf mir vor, noch nie in seinem Leben so hinters Licht geführt worden zu sein, womit er aus seiner Sicht völlig Recht hatte. Ich sollte meine Siebensachen packen und sofort aus seinem Leben verschwinden. Die Kinder, so beschloss er es, blieben bei ihm in unserem gemeinsamen Haus. Schließlich sei ich die Ehebrecherin und hätte keinerlei Anspruch auf irgendetwas. Er bombardierte mich mit bösen Verwünschungen, und ich schlief die kommenden Tage bei meiner Schwester, um aus der Schusslinie zu sein. Ein Leben ohne meine Kinder konnte ich mir damals genau so wenig vorstellen wie ein Leben ohne meinen atemberaubenden Liebhaber. So kam es, dass ich zwar bei meiner großen Liebe einzog, untertags aber im gemeinsamen Haus die Kinder versorgte, was zu den damaligen Zeiten ein Skandal war. Abends verließ ich meine Familie wieder, begleitet von den Tränen der Kinder und den bösen Blicken meines Mannes. Nach geraumer Zeit jedoch entspannte sich die Situation, da er auf einer Fortbildung eine junge Lehrerin kennen lernte, sich in sie verliebte und schon bald mit ihr gemeinsame Pläne für die Zukunft schmiedete. Obwohl mich das schon irgendwie traf, dass er sich so schnell getröstet hatte, war ich auch froh, dass sich unser Streit damit entspannte. Ich verzichtete auf alles, was mir rein rechtlich auch damals schon zugestanden hätte, und sang mich von da an, an der Seite meines neuen Lebensgefährten, durch die Bierzelte in Baden-Württemberg. Hin und wieder gab es Auseinandersetzungen, weil ich den Verdacht schöpfte, dass er mir nicht immer treu war, aber er konnte mich immer wieder geschickt um den Finger wickeln. Ich glaubte ihm und schob es auf meinen Hang zur unbegründeten Eifersucht. Bei mir war einfach Hopfen und Malz verloren. Als er mir dann nach nicht einmal einem Jahr nahelegte, mir eine eigene Bleibe zu suchen, da ich ihm mit meiner konservativen Vorstellung von einer Beziehung die Luft zum Atmen nähme, brach für mich eine Welt zusammen. Am Boden zerstört und arm wie eine Kirchenmaus, machte ich mich auf die Suche nach einer neuen Bleibe und einem neuen Leben.

Zum Glück nahm mich meine Schwester vorübergehend wieder auf. Irgendwie fühlte sie sich wohl auch ein bisschen schuldig an der ganzen Situation. Sie vermittelte mir eine Anstellung an der neu eröffneten Berufsfachschule für Musik ganz in unserer Nähe. Zusätzlich gab ich in den schulfreien Stunden privat Klavierunterricht. Meine eigenen Kinder konnte ich ohnehin nur noch an den Wochenenden sehen, da die neue Frau meines geschiedenen Mannes das erste gemeinsame Kind erwartete, das Unterrichten aufgegeben hatte und sich voll und ganz um die große, glückliche Familie kümmern wollte. Für mich gab es keinen Weg mehr zurück, und so nahm ich allen Mut zusammen, richtete mich wieder auf, und ging einer ungewissen Zukunft entgegen.

Anfangs hasste ich mich für das, was ich mir und meiner Familie angetan hatte. Ich hätte ein gut situiertes Leben an der Seite eines treuen, intelligenten und großzügigen Mannes führen können, mit meinen Kindern zusammen. Doch die verhängnisvolle Liebe zu einem Musiker, der sie nur als kurzes Intermezzo in seinem bewegten Leben sah, war mir zum Schicksal geworden.

Ob ich die Trennung von meiner Familie damals bereue? Diese Frage habe ich mir sehr oft auch selbst gestellt. Heute nicht mehr so oft wie vor zwanzig Jahren, aber doch noch gelegentlich. Wenn ich an meine Vergangenheit zurück denke, empfinde ich keine Reue. Ich würde es eher als Wehmut bezeichnen. Wehmut dem gegenüber, was hätte sein können, hätte ich damals der Versuchung einfach widerstanden. Wenn ich bei meinem Mann und den Kindern geblieben wäre. Wenn mein Leben inmitten meiner Familie in geordneten Bahnen verlaufen wäre und mein damaliger Mann und ich nach den stressigen Zeiten mit den kleinen Kindern vielleicht wieder als Paar zueinander gefunden hätten.

Heute, Jahrzehnte später, habe ich regen Kontakt zu meinen erwachsenen Kindern und den Enkelkindern – sie sind mein Ein und Alles. Und ich hoffe, ich habe an meinen Enkeln einiges von dem wieder gut machen können, was ich als Mutter versäumt habe. Seit vielen Jahren gibt es auch wieder einen Mann an meiner Seite. Als Liebe in Verbindung mit Leidenschaft, im herkömmlichen Sinn, möchte ich diese Partnerschaft nicht bezeichnen. Dennoch ist dieser Mann ein wichtiger und konstanter Bestandteil meines Lebens. Ich hoffe, mit ihm bis ans Ende meines Lebens zu gehen, und schätze ihn als einen der wertvollsten Menschen, die ich je kennengelernt habe.

Du klingst in meinem Herzen!

Nach einem erfüllten Arbeitsleben ging Rudolph, mein Mann, ein Polizeibeamter im gehobenen Dienst, in den Ruhestand. Schon Jahre vorher saßen wir an gemütlichen Abenden zusammen und planten, was wir in diesem neuen Lebensabschnitt alles miteinander unternehmen wollten. Vor allem aber, welche fernen Ziele in der großen weiten Welt in den kommenden schönen Jahren wir ansteuern würden. Auf einer Freizeitmesse hatten wir uns daher einen langgehegten Wunsch erfüllt und ein Wohnmobil bestellt, das genau unseren Vorstellungen entsprach. Einige Tage, bevor das Fahrzeug geliefert werden sollte, hatte mein Mann einen Routinetermin beim Hausarzt, um ein paar Impfungen auffrischen zu lassen. Doch es sollte anders kommen als geplant. Mein Leben veränderte sich in eine Richtung, die wir uns niemals erträumt hatten.

Auf dem Weg zur Arztpraxis hatte mein Mann einen Unfall. Im Krankenhaus erlag er seinen schweren Verletzungen. Ich war wie betäubt, und es schien mir, als sei auch mein Leben mit dem seinen zu Ende gegangen. Es folgte eine Zeit der unendlichen Stille. Ich hätte mich am liebsten in ein Mauseloch verkrochen. Während dieser schweren Zeit halfen mir meine festen Verpflichtungen, denen ich regelmäßig nachkommen musste. Ich sang seit Jahrzehnten im Kirchenchor der evangelischen Gemeinde, in der ich mich auch regelmäßig im sozialen Bereich einbrachte. Mechanisch wie ein Roboter besuchte ich die Gottesdienste und Veranstaltungen, die meist von unserem Chor umrahmt wurden, und das erste Jahr verging wie in Trance.

So kam es, dass ich am ersten Todestag meines Mannes in mich selbst versunken an seinem Grab stand und Blumen niederlegte, als sich plötzlich hinter mir jemand laut räusperte. Ich drehte mich um und schaute in ein vertrautes Gesicht. Paul! Er hatte seine Frau vor einiger Zeit an den Krebs verloren. Wir sangen schon seit vielen Jahren gemeinsam im Chor. Wir kannten uns, wohnten ja nur einige Straßen voneinander entfernt, allerdings waren wir als Ehepaare nie direkt miteinander in Kontakt gekommen. Ich war mein Leben lang Hausfrau gewesen, weil mein Mann und ich das so wollten. Und obwohl ich nur eine Tochter hatte, war mein Leben sehr erfüllt. Rudolph und ich hatten eine strikte Arbeitsteilung gehabt: Ich erledigte alles, was mit Familie, Haus und Garten zusammenhing, er kümmerte sich um Bankgeschäfte und Versicherungen. Die typische Rollenverteilung in der damaligen Zeit. Mein Mann war ein sehr korrekter Mensch gewesen, ich hingegen hatte immer schon ein fröhliches Gemüt. So ging es uns, im Vergleich zu manch anderen Familien immer sehr gut, obwohl mein Gemahl zuhause ein strenges Regiment führte.

Jetzt also stand Paul neben mir, am Friedhof, und ich hörte seine Stimme, die wohl vertraut in meinen Ohren klang. Im Chor sang ich die Altstimme und stand direkt vor den Herren. Bewusst ist es mir nie aufgefallen, dass es Paul war, der über die Jahre hinweg immer in meiner unmittelbaren Nähe stand. Erst jetzt, an diesem stillen Ort, fiel mir auf, dass mir seine Stimme so vertraut war. Ich lächelte ihn an. Friedhof hin oder her, dachte ich mir, der Herrgott wollte fürwahr nicht lauter ewige Klageweiber auf der Erde haben. Fromm war ich schon, immer gewesen. Ohne meinen Glauben wäre mir manches in meinem Leben wohl auch nicht so leicht gefallen. Auch meine Rolle als Ehefrau, die mir im Alter von achtzehn Jahren von meinen Eltern auferlegt worden war. Mein Mann Rudolph war zwar wesentlich älter als ich gewesen, aber eine gute Partie. Und ich habe meine Ehe mit Hingabe gelebt, in guten wie in schlechten Zeiten.

Das war nun Vergangenheit, und was sich anfänglich wie ein unüberwindbarer Berg vor mir aufgetürmt hatte, war inzwischen so etwas wie Alltag geworden. Meine Tochter erledigt das eine oder andere für mich wie die Bank- und Versicherungsgeschäfte. Haus und Hof waren ja schon immer mein Revier gewesen.

Heute, am ersten Todestag meines verstorbenen Mannes, war ein grauer Tag. Trauerwetter, falls es so etwas überhaupt gibt, und ich hatte meinen Schirm vergessen. Ich war zu Fuß unterwegs, wie immer, denn einen Führerschein hatte ich nie gemacht. „Es reicht, wenn einer fährt", hatte Rudolph immer gesagt, wenn ich ihm mit diesem Thema kam. So war es einfach ein glücklicher Zufall, dass Paul auch hier war und mich einlud, mit ihm zurückzufahren. Als ich vor meiner Haustüre ausstieg, fragte ich ihn spontan, ob er als Revanche morgen einen Kaffee bei mir trinken möchte. Und bevor mir richtig bewusst wurde, dass ich das erste Mal in meinem Leben einen Mann zu mir ins Haus eingeladen hatte, hatte er schon dankend angenommen. Es war ein komisches Gefühl, mit über fünfzig Jahren die erste richtige Verabredung zu haben, und ich konnte mir keinen Reim darauf machen. So kam es, dass ich am folgenden Tag, der sonnig und hell war, einen Eierlikörkuchen buk und den Tisch auf der überdachten Terrasse vor meinem Haus deckte. Natürlich machte ich mir Gedanken, was wohl meine Nachbarn darüber denken könnten, dass ich da mit einem Mann saß. Allerdings wäre es im Haus auch nicht besser gewesen. Nervös betrachtete ich mich im Spiegel über der Frisierkommode und wunderte mich über die roten Bäckchen, die mir entgegen leuchteten. Mit meinen Händen fuhr ich ein letztes Mal über mein Haar, das zu einem Dutt hochgesteckt war. Obwohl sich schon einige Falten in meinem Gesicht eingenistet hatten, sah ich für mein Alter noch gut aus. Mein schönes, volles Haar durchzogen vereinzelte graue Strähnen, die in der Sonne glitzerten wie Silberfäden. Meine Tochter behauptete dieses Jahr zu Weihnachten, ich hätte mich mit Lametta geschmückt. Spaß natürlich, Lametta war ja schon Jahre nicht mehr üblich. Ich ging wieder in die Küche. Keine Ahnung, ob ich jemals wirklich attraktiv war, mit 18 ist wahrscheinlich jedes Mädchen schön. Aber in diesem Alter hatte ich ja schon geheiratet, ich musste also nicht mehr das Herz eines Mannes erobern. Im Flur sah ich nochmals in den Spiegel. Hätte ich vielleicht doch etwas Hübscheres anziehen sollen? Nein, ich wollte mich ja nicht schmücken wie einen Christbaum. Langsam wurde es aber Zeit. Wenn Paul nicht bald kam, war der Kaffee kalt, den ich schon gekocht hatte. In diesem Augenblick klingelte es auch schon an der Haustür, als ob es Gedankenübertragung gäbe. So war das also, wenn man einen Mann zu sich nach Hause einlud. Mir zitterten die Knie vor Aufregung. Ein unsicheres Lächeln machte sich auf meinem Gesicht breit, und ich öffnete die Tür. Vor mir stand

Paul mit einem Korb voller Obst und Gemüse in den Händen. Er überreichte ihn mir, und wir gingen in den Garten. Natürlich baute ich selbst genug Gemüse an, um mindestens zwei Familien zu ernähren, doch freute ich mich aufrichtig über die nett gemeinte Geste. Um das erste Eis zu brechen, fing ich an, über den Chor zu plaudern. Aber Paul gab nur einsilbige Antworten. Mir war das ziemlich unangenehm, und ich knuffte ihn in den Arm: „Nun sag doch auch was, oder hat es dir die Sprache verschlagen?“ Angriff war die beste Verteidigung, das hatte ich von meiner Tochter gelernt.

Paul schluckte und fing leise an zu sprechen: „Hanna, vielleicht hast du es noch nicht bemerkt, aber ich stelle mich im Chor immer hinter dich.“

Ich sah ihn verwundert an. „Du machst das mit Absicht, Paul?“

Er nickte. „Liebe Johanna“ – Pause.

Ich schnappte geräuschvoll nach Luft. So hatte mich seit meiner Kindheit niemand mehr genannt.

Paul entfaltete ein unbenutztes Stofftaschentuch und wischte sich die Schweißtropfen von der Stirn, die sich dort in großer Zahl versammelt hatten. Dann sprach er endlich weiter: „Ich möchte ja nichts übers Knie brechen.“ Dabei sah er mich flehentlich an.

„Wie kann ich dir denn helfen?“ rutschte es mir einfach so heraus.

Jetzt stahl sich doch noch ein Lächeln in Pauls Gesicht: „Ja, Hanna, genau das mag ich so an dir. Du bist eine Frau der Tat.“

Entgeistert starrte ich ihn an. So ein Kaffeekränzchen hatte ich mir wahrlich anders vorgestellt.

Nun setzte Paul noch einmal an: „Liebste Johanna, seit du 1970 mit deinem leider inzwischen verstorbenen Mann hierher gezogen bist, bewundere ich dich schon. Jetzt ist es also endlich raus.“ Er griff wieder nach seinem Taschentuch.

Ich schob ihm vorsorglich das vorbereitete Glas Wasser näher an seinen unberührten Kuchenteller und überlegte. Was sollte ich dazu sagen? Mir fiel aber nicht viel dazu ein: „Was gibt es denn an mir schon Besonderes?“ Was für eine dämliche Frage! Ich ärgerte mich über mich selbst.

Paul suchte meine Augen: „Alles an dir ist besonders. Dein Lachen, deine Hilfsbereitschaft und deine liebliche Gestalt.“ Jetzt musste er selbst lachen: „Ich bin etwas ungeübt in Komplimenten, aber das hast du ja bestimmt schon gemerkt.“ Paul trank einen großen Schluck von seinem Wasser: „Ich habe mich in dich verliebt, und das schon vor mehr als dreißig Jahren. So ist das. Und jetzt kannst du mich rausschmeißen, wenn du magst.“ Er senkte den Kopf und sah zu Boden bevor er weitersprach. „Jetzt ist ja endlich das Trauerjahr um, und ich wollte nicht, dass mir ein anderer zuvorkommt.“

Das wurde ja immer besser. Dass sich ein Mann für mich, eine Frau in meinem Alter, interessieren könnte, wäre mir im Traum nicht eingefallen. Ich war mir am Anfang auch nicht sicher, ob mein Sangeskollege Paul mir nicht doch einen Bären aufbinden wollte. Aber dafür schien ihm die Sache dann doch zu ernst. Ich räusperte mich: „Also Paul, mit sowas habe ich jetzt überhaupt nicht gerechnet. Keine Ahnung, wie du dir das vorstellst? Was werden denn die Leute sagen?“

Paul stand auf und reichte mir die Hand: „Wir können es ja langsam angehen lassen, auch wenn ich schon mehr als ein halbes Leben von dir träume.“ Dann ging er nach Hause.

Ich saß belämmert auf meinem Gartenstuhl. Die Fliegen stürzten sich auf den unberührten Eierlikörkuchen, und während ich ihnen dabei zusah, wanderten mir die Gedanken durch den Kopf wie orientierungslose Schafe. Noch nie im Leben hatte mir ein Mann seine Liebe gestanden. Natürlich bin ich davon ausgegangen, dass mein verstorbener Mann mich geliebt hat, aber so richtig gesagt hat er das nie. So war ich also allein auf weiter Flur, mit meinem Problem, das meiner Ansicht nach eher zu einer Halbwüchsigen passte, als zu mir, einer schon ziemlich reifen Frau. Da hörte ich vom Nachbargrundstück Kindergeschrei, und das kam mir vor wie ein Wink des Himmels. Ich verscheuchte die Fliegen und ging mit der Kuchenplatte in der Hand zu meiner jungen Nachbarin. Auch sie hatte ihren Mann verloren, wenn auch an eine andere Frau, aber von ihr könnte ich vielleicht einen brauchbaren Ratschlag bekommen, wie ich mit der für mich neuen Situation umgehen konnte. Ich fasste mir ein Herz und redete mir meine Probleme von der Seele. Sie horchte mir zu und wunderte sich über meine Bedenken. Ich solle es doch einfach ausprobieren, sagte sie zu mir. Wenn nicht jetzt, wann dann? Und andere Leute gehe das gar nichts an. Ich könnte doch stolz darauf sein, wenn die Leute über mich in meinem Alter noch redeten, setzte sie mit einem Augenzwinkern hinzu. Das half mir beim Nachdenken. Und als die Ängste sich endlich gelegt hatten, erhörte ich Pauls Werben.

Heute sind wir schon über zehn Jahre zusammen, gute Jahre, und wir gehen Hand in Hand unserer Zukunft entgegen. Eine Weltreise haben wir übrigens keine gemacht, aber wir sind doch regelmäßig auf Städtetouren in ganz Deutschland unterwegs. Finanziell sind wir nach wie vor voneinander unabhängig, und jeder von uns wohnt in seinem eigenen Haus. Paul sagt mir fast täglich, dass er mich liebt und dass ich die fröhlichste Frau bin, die er je kennengelernt hat. Ich habe durch ihn erfahren, wie tief Gefühle im Herzen verankert sein können, ohne dass man durch alltägliche Verpflichtungen zusammengeschweißt ist. Er hat mich reich beschenkt, und die Stimme seiner Liebe klingt in meinem Herzen.

Eins zu Null fürs Leben

Als mir nahegelegt wurde, dass ich als Masseurin und medizinische Betreuerin beim örtlichen Fußballverein SV Raigering in meiner Heimatstadt anfangen sollte, hatte ich keine Wahl. Das war das Einzige, was ich angeboten bekam. Denn obwohl ich nach meinem Besuch der Schwesternschule eine Ausbildung zur Krankenschwester absolviert hatte und danach erfolgreich den schulischen Teil der Ausbildung zur Masseurin und Krankengymnastin abgeschlossen hatte, war es nahezu unmöglich einen Praktikumsplatz in meiner Heimatstadt zu ergattern. Zur damaligen Zeit konnte sich, vor allem in der Kleinstadt, niemand vorstellen, dass ein blutjunges Mädchen, und das war ich ja mit meinen 21 Jahren, in dieser klassischen Männerdomäne arbeiten oder gar Fuß fassen könnte. Es war nicht nur die zu dieser Zeit unschickliche Begebenheit, dass das meist männliche Klientel nur sehr spärlich bekleidet war. Es erforderte darüber hinaus auch einiges an Muskelkraft, um diesen Beruf auszuüben. Obwohl ich sehr groß und auch durchtrainiert war, war ich doch eher sehnig und mit meiner lockig wilden Haarpracht und den himmellangen, kerzengeraden Beinen nicht eben der burschikose Typ.

Aber ich hatte keine Wahl. Die einzige positive Reaktion auf meinen Bewerbungsmarathon war eine alteingesessene Massagepraxis am Stadtrand, die nach einem halben Jahr Praktikum von mir verlangte, einen Teil meiner Stunden für einen Fußballverein zu arbeiten. Also nahm ich meinen ganzen Mumm zusammen und sagte zu. Vom Fußball hatte ich selbstverständlich keinen blassen Schimmer. So kam es, wie es kommen musste. An meinem ersten Arbeitstag beim SV Raigering saß ich auf der Bank in der Nähe des Trainers und schwitzte Blut und Wasser. Um mich herum waren mindestens fünfhundert Zuschauer auf der Tribüne und am Spielfeldrand verteilt. Ich hatte das Gefühl, der Lärmpegel, der durch das Anfeuern der Fans hinter meinem Rücken entstand, würde mich zu Boden drücken. Aufgeregt versuchte ich das Dröhnen der Worte zu unterscheiden und einzelne Satzbrocken zu verstehen. In meinem Kopf brummte es wie in einem Bienenstock. Dabei fiel mir auf, dass sowohl die Anhänger unseres Vereins, als auch die gegnerischen Fans, immer lauter den Namen „Schiri“ riefen. Ich hatte die Namen aller der von mir zu betreuenden Spieler auswendig gelernt und darunter war niemand mit diesem oder einem ähnlichen Namen. Als dann auch noch einer unserer Spieler verletzt am Boden lag und das verletzte

Bein mit den Händen an die Brust zog, lief ich sofort, aufgeschreckt wie ein Huhn, quer übers Spielfeld, um ihm erste Hilfe zu leisten. Von überall her gellten jetzt Pfiffe. Dass diese mir galten, genauso wie die unverschämten Zurufe aus der Zuschauermenge, ging vollkommen an mir vorbei. Ich hatte einfach nicht gewusst, dass ich das Spielfeld nicht betreten durfte, ehe mir der Schiedsrichter ein Zeichen gab.

Das Wunder geschah, und ich durfte nach diesem ersten und sehr schrecklichen Tag bleiben. Nach ein paar Wochen hatte ich sogar gelernt, was ein Eins-zu-Null-Seidl war und warum diese spezielle Bierbezeichnung je nach Spielstand wechselte. Ich ignorierte die frauenfeindlichen Zurufe aus den Reihen der aufgestachelten Männer und hatte einen kameradschaftlichen Umgang mit den Spielern, die ich nach dem Spiel immer massierte, sie manchmal sogar dazu brachte, Krankengymnastik zu machen, und deren kleinere Blessuren ich versorgte.

Nur bei einem Spieler hatte ich überhaupt keinen Erfolg. Er war Stürmer und hieß Hannes. Er ließ sich nach dem Spiel niemals von mir behandeln. Auch bei leichten Verletzungen, die ja beim Fußball alltäglich waren, stand er sofort wieder auf und spielte einfach weiter. Er vermied ganz offensichtlich jede Berührung mit mir, obwohl mir auf der anderen Seite auffiel, dass er sich nach den Spielen immer in meiner unmittelbareren Nähe aufhielt und seine obligatorische selbstgemischte Apfelschorle trank. Meine erste Fußballsaison war schon fast vorüber, als er endlich den Mut fand, mich anzusprechen. Von da an unterhielten wir uns nach jedem Training und den Spielen, bis der erste Mitspieler geduscht und zur Massage bereit war. Ich fieberte die ganze Woche lang auf diese Gespräche hin. Intensiv überlegte ich mir, wie ich ihn wohl dazu bringen könnte, mit mir auszugehen. Mit meiner Schwester ging ich regelmäßig zu Tanzveranstaltungen, und dort hielt ich auch immer Ausschau nach ihm. Von Hannes gab es keine Spur. Ich wusste, dass er irgendwo auf dem Land wohnte, in einem Dreiseelenkaff. Allerdings hatte er damals schon ein Auto und war somit mobil. Ich überlegte hin und her, wie ich es anstellen könnte, ohne gleich in Verruf zu kommen. Dann kam mir der Zufall zur Hilfe.

Einmal im Jahr fand bei uns im Städtchen eine Dult statt. Die Aussteller bauten ihre Buden auf, und die Fahrgeschäfte warteten auf Kunden. An der Holztür zu den Kabinen unseres Vereins hing ein Zettel mit der Information, dass es für alle Spieler und Betreuer der ersten und zweiten Mannschaft Freikarten für „ein Gockerl und eine Mass Bier“ gab. Gut, dass heute nur Training war und kein Spiel. Da würde sich ein gemeinsamer Dultbesuch ja direkt anbieten, so dachte ich mir und hoffte es auch ein bisschen. Doch meine Vorfreude wurde gleich zerschlagen. Die

Spieler hatten nach dem Training keine Lust mehr, gemeinsam auszugehen. Ich wartete wie immer, bis der letzte Sportler nach der Massage das Gebäude verlassen hatte, und ging mit meinen Freikarten in der Tasche zum Ausgang.

Aus der Ferne zogen Wolken heran, und die Temperatur ging langsam in den Keller. Wahrscheinlich würde das Wetter morgen so grauenhaft sein, dass selbst Gratisgockerl und Freibier keinen ausreichenden Anreiz für einen Dultbesuch mit meiner Schwester bieten konnten. Ich zog meine Jacke fester um meine Bluse und drückte den Nacken in den aufgeschlagenen Kragen. Betrübt ging ich meines Weges. Plötzlich hörte ich laute Schritte hinter mir aufholen. Ich drehte mich erschrocken um. Es war Hannes!

Mein Herzensfußballer hielt seine Freikarten in der Hand und fragte: „'Tschuldige, Anna-Maria. Ich wollte dich nicht erschrecken. Hättest du vielleicht Lust, mit mir auf die Dult zu gehen?"

Mein Herz hüpfte vor Freude. „Ja, gerne." Mehr brachte ich nicht heraus.

Auf dem Festplatz angekommen, gingen wir einträchtig nebeneinander her und sahen uns die Buden an. Beim Riesenrad nahm Hannes mich sanft beim Arm, kaufte zwei Billets und bat mich auf die ganz besondere Reise. Wir erhoben uns in die Lüfte, Hannes griff verstohlen nach meiner Hand, und wir staunten über den herrlichen Ausblick auf die mittlerweile hell erleuchtete Stadt.

Nach dieser wunderbaren Fahrt in den Himmel lösten wir unsere Freimarken ein. Zu guter Letzt schoss mir Hannes eine rote Rose. „Für dich, meine Rosemarie“ sagte er, bevor er sie mir in die Hand drückte, und wir mussten beide über das Wortspiel lachen. Hannes brachte mich natürlich mit seinem Auto heim. Als ich aussteigen wollte, griff er in sein Jackett und zog ein Lebkuchenherz heraus. Das musste er heimlich gekauft haben, als ich auf der Toilette gewesen war. Gerührt nahm ich es entgegen und las, was darauf stand: „Für mein Herzerl“. Ich beugte mich zu ihm hinüber und gab ihm ein dickes Busserl direkt auf den Mund. Dann verließ ich fluchtartig das Auto. Aufgeregt erwartete ich unser nächstes Treffen. Beim nächsten Training schob Hannes mir heimlich einen Zettel zu, mit einer Einladung zu einer Tanzveranstaltung. Am Wochenende wollte er mich bei meinen Eltern abholen. Die nächsten Tage war ich ganz aus dem Häuschen. Als Hannes dann endlich den ganzen Abend mit mir über die Tanzfläche glitt, da hatte ich endgültig mein Herz an ihn verloren. Ich war der glücklichste Mensch auf dieser Erde, und alleine seine Nähe ließ mich am ganzen Leib erschaudern. In der darauffolgenden Woche stellte ich mir in den buntesten Farben vor, wie es sein würde, unser Verhältnis im Verein öffentlich zu machen. Und natürlich auch, was ich am besten nach dem nächsten Spiel anziehen sollte. Auf der Bank saß ich ja im Trainingsanzug.

Meine Gedanken kreisten ständig um Hannes. Dann kam das nächste Spiel. Bayern München hatte sich zur Sichtung angemeldet, um vielleicht den einen oder anderen Spieler für sich zu entdecken. Mir war das egal. Meine Dienste waren ja unabhängig von anderen Vereinen. Außer ein paar skeptischen Blicken oder anzüglichen Bemerkungen würde keiner auch nur einen Gedanken zu viel an mich vergeuden. Auch das war ich ja mittlerweile gewohnt.

Das Spiel lief nicht so glatt, wie es die Bayern erwartet hatten und am Ende der zweiten Halbzeit stand es noch immer 0:0. Kurz vor dem Abpfiff jedoch erkämpfte sich Hannes nochmals den Ball und schoss mit links ein spektakuläres Tor. Die Menge tobte. Kurz darauf pfiff der Schiedsrichter das Spiel ab. Als unsere Elf vom Platz ging, winkte ein Trainer des Münchner Vereins Hannes zu sich an den Spielfeldrand. Ich musste ja in die Kabine und wartete daher gespannt auf das, was Hannes mir berichten würde.

Umsonst. Kein Hannes weit und breit. Unglücklich ging ich nach diesem für ihn so bedeutenden Spiel alleine nach Hause. Sicher würde Hannes sich im Laufe der Woche bei mir oder meinen Eltern melden. Auch eine Woche später, als mir ein anderer Spieler mitteilte, dass Hannes nicht zum Training kommen würde, habe ich mir immer noch eingeredet, dass er bestimmt plötzlich krank geworden war und sich deshalb nicht gemeldet hat. Als dann das letzte Spiel dieser Saison auch ohne meinen Hannes stattgefunden hatte, teilte mir der Trainer mit, dass Hannes den Verein wechseln werde. Den Ersatzmann für Hannes werde er mir zu gegebener Zeit vorstellen. Hannes habe ich nie wieder gesehen.

Das war also meine erste große Liebe. Ich habe lange um Hannes getrauert und vor dem Radio so manche Träne verdrückt, während ich den Übertragungen seiner ersten Spiele in München lauschte. Meine Ausbildung als Masseurin und Krankengymnastin schloss ich natürlich trotzdem ab. Einige Zeit später wechselte ich an eine große Klinik, die auf Sportmedizin spezialisiert war. Ein paar Jahre später habe ich dort meinen jetzigen Mann kennengelernt, geheiratet und im Laufe der Jahre vier Kinder mit ihm bekommen. Natürlich war das Leben in unserer Großfamilie nicht immer leicht, und auch wir haben nicht jedes Spiel gewonnen. Manchmal jedoch, wenn meinen Mann das Zipperlein plagt, massiere ich ihm den Nacken. So wie ich es zu unseren Anfangszeiten oft gemacht habe. Er dankt es mir mit einem warmen, zufriedenen Lächeln. Dann bin auch ich glücklich und froh darüber, dass das Leben es so gut mit mir gemeint hat.

An Hannes denke ich nur noch ganz selten. Er hat seinen sportlichen Weg gemacht und ist als erfolgreicher Fußballer sicherlich auch glücklich geworden.

Der Geburtshelfer

Meine Geschichte beginnt mit dem Einzug der Telefonie in unser Dorf, das sehr abgelegen war. Eine einzelne Straßenlaterne spendete damals das spärliche Licht auf dem Weg zu meinem Kolonialwarenladen. Das war sehr bescheiden, wenn man bedenkt, dass mittlerweile fast 65 Einwohner diesen fruchtbaren Landstrich besiedelten. Spargel, das weiße Gold, wurde zu dieser Zeit in Mittelfranken in großen Mengen angepflanzt. Aber auch Kohl und andere Obst- und Gemüsesorten. Auf der anderen Seite schaffte die zunehmende Industrialisierung Tausende von Arbeitsplätzen in der Region. Große Teile der Landbevölkerung, unter ihnen auch zahlreiche Flüchtlinge, strömten in die Frankenmetropole Nürnberg. Dadurch stiegen die Einkommen in weiten Teilen der Bevölkerung und damit auch die Nachfrage nach Lebensmitteln aus der ländlichen Region. So dauerte es nicht lange, bis auch der Fernsprecher seinen Weg zu uns in die Provinz fand. Ein Wunderautomat, aus schwarzem Bakelit mit einer glänzenden Wählscheibe, bereitgestellt von der Deutschen Bundespost. Platziert wurde er in meinem

Kolonialwarengeschäft, dem einzigen größeren Laden in einem Ort, geprägt von Ackerbau und Viehzucht.

In der zehn Kilometer entfernten Kleinstadt gab es ein richtiges Postamt mit Münzfernsprecher, gleich daneben hatte eine Filmbühne eröffnet, das Capitol. Drei Tage die Woche gab es dort Programm. Ich hatte keine Ahnung, ob überhaupt jemand hinging, um die gezeigten Filme anzuschauen. Ich jedenfalls tat das nicht. Ich hätte es mir leisten können, aber als Witwer mit sechs kleinen Kindern am Rockzipfel, hatte ich Besseres zu tun, als mich in den Filmpalast zu setzen und irgendwelche Streifen anzuschauen. Ich hatte ohnehin das Glück, dass die Schwester meiner verstorbenen Frau bei uns eingezogen war. Sonst wäre die ganze Arbeit in dem Laden und im Haushalt gar nicht zu bewältigen gewesen. Meine Schwägerin Elisabeth war ein arger Drachen. Weniger für mich, aber für meine Kinder. Sie betrachtete sich schon als Nachfolgerin meiner verstorbenen Frau und als Chefin in dem „feinen Geschäft", wie sie es immer nannte. Ich hütete meine Zunge, denn ohne ihre Obhut hätte ich die Kinder außer Haus geben müssen und das wollte ich um jeden Preis verhindern. Ich hatte es meiner Frau auf dem Sterbebett geschworen: Die Kinder sollten bei mir bleiben, und mein geleisteter Schwur war mir heilig. Aber wie sagt man so schön: Klappern gehört zum Handwerk. Denn eines musste man meiner Schwägerin lassen: Das Haus und die Kinder waren immer tipp topp sauber. Für mich stand stets ein großes Stück Kuchen auf der Kredenz bereit, und das Mittagessen pflegte sie pünktlich auf den Glockenschlag auf den Tisch zu stellen. In meiner Einsamkeit dachte ich sogar das eine oder andere Mal darüber nach, ob es nicht vernünftig wäre, meine Schwägerin zu heiraten. Doch dann überkam mich immer die Erinnerung an die liebevolle und fürsorgliche Art meiner verstorbenen Frau und ich konnte mir diese strenge und überaus korrekte Dame nicht als angetrautes Eheweib vorstellen.

So kam es also nicht zu der von Elisabeth erwarteten Hochzeit, und das war gut so. Bald darauf siedelte sich eine junge Hebamme bei uns im Dorf an. Sie war zuständig für den ganzen Landkreis und wurde sie gebraucht, läutete meist das Telefon bei uns im Laden. Was überhaupt kein Problem darstellte, denn meine Kinder rannten wie die Wiesel, und ein Botengang mehr oder weniger fiel da nicht ins Gewicht. Störend waren einzig die Anrufe mitten in der Nacht. Ich konnte zu so einer unchristlichen Uhrzeit ja schlecht eines meiner Kinder wecken, um es auf den Weg zur Hebamme zu schicken. Andererseits waren meine Tage im Laden lang und sehr anstrengend. Nachts wollte ich meine Ruhe haben.

Nach einem dieser nächtlichen Botengänge machte ich bei ihrem Einkauf in meinem Laden eine entsprechende Bemerkung. Herzlich wie sie war, lud mich die Hebamme für den nächsten Tag auf Kaffee und Apfelkuchen ein. Ich war überrascht, stimmte aber sofort zu. Abwechslung war in meinem Leben ja eher eine Seltenheit geworden. Trotz der Vorfreude fühlte ich mich am folgenden Tag wie ein Verräter, als ich mich in meinem besten Anzug aufmachte, um die junge Frau zu besuchen. Ihre freundliche Art nahm mir jedoch schnell die Befangenheit, auch das schlechte Gewissen Elisabeth gegenüber. Und niemals in meinem ganzen Leben hatte ich bis dahin einen besseren Apfelkuchen gegessen. Das sagte ich der Hebamme natürlich, und sie strahlte übers ganze Gesicht. „Ein sauberes Frauenzimmer", habe ich bei mir gedacht und bin wieder nach Hause an die Arbeit gegangen. So bürgerte es sich ein, dass mich Ludmilla, so hieß die Hebamme, als Wiedergutmachung für die nächtlichen Botengänge regelmäßig zum Kaffeetrinken einlud. Nach einiger Zeit konnte ich es gar nicht mehr abwarten, bis das Telefon nachts nach ihr klingelte. Aber auch wenn kein Geburtsalarm kam, schlief ich in dieser Zeit eher unruhig. Es war eine schöne und spannende Zeit. Bis ich eines Tages keinen Kaffee bekam. Als ich zum vereinbarten Zeitpunkt bei ihr eintraf, fand ich Ludmilla tränenüberströmt in ihrer guten Stube. Bei ihrem letzten Einsatz war es zu Komplikationen gekommen, und die zwei Neugeborenen, Zwillinge, hatten die Nacht nicht überlebt. Durch meine zahlreichen Besuche wusste ich bereits, wo sich alles dafür Benötigte befand, und so bereitete ich uns diesmal einen starken Kaffee zu. Sie weinte heftig, und als ich ihr zur Beruhigung die Hand auf den Arm legte, erzählte sie mir aus ihrem Leben. Auch, dass ihr Mann nach kurzer Zeit schon die Ehe annulliert hatte, weil sie keine Kinder bekommen konnte. Sie habe immer Kinder gewollt, am liebsten einen ganzen Stall voll, aber das liege wohl in Gottes Hand. Ich hörte mir alles an, trank meinen Kaffee ohne das erwartete Stück Kuchen und ging grübelnd heim. Vielleicht war ja genau das die Lösung! Ludmilla war mir mittlerweile sehr vertraut, und für mich wäre es durchaus eine Ehre gewesen, in doch schon fortgeschrittenem Alter so eine hübsche und junge Frau als Ehefrau zu haben. Kinder brauchte ich ja beileibe keine mehr, ein halbes Duzend waren wohl genug. Ich überlegte also hin und her, wie ich um sie werben könnte, ohne mich lächerlich zu machen. Süßholzraspeln war einfach nicht meine Art. Dennoch wollte ich die Gelegenheit beim Schopf packen, bevor dies möglicherweise ein anderer vor mir tat. Allein, es fehlte mir der Mut, und auch das Hadern mit mir brachte mich meinem Ziel nicht näher. Da kam mir Gott sei Dank der Zufall zur Hilfe. Ludmilla zeigte mir bei ihrem wöchentlichen Einkauf einen Zettel. Sie musste sich eine neue Wohnung suchen, da ihre

Vermieter selbst Nachwuchs bekommen hatten und das Haus aus allen Nähten platzte. Ich versprach ihr, die Wohnungssuchanzeige im Laden auszuhängen, versteckte sie aber in der untersten Lade der Registrierkasse. Nun nahm ich endlich allen Mut zusammen und suchte das Gespräch mit meiner Schwägerin. Ich machte ihr klar, dass sie von mir nichts zu erwarten hatte. Enttäuscht packte sie ihre Koffer und reiste bei der nächsten Gelegenheit ab. Ich jedoch suchte Ludmilla auf und lud sie ein, das frei gewordene Zimmer zu besichtigen. Es sei doch für alle einfacher, wenn sie gleich selbst an den Fernsprecher gehen könnte, wenn mitten in der Nacht ihre Dienste verlangt würden, versuchte ich sie zu ködern. Sie sah mich lange schweigend an. Ohne mir wegen des Zimmers zu- oder abzusagen, lud sie mich gemeinsam mit meinen sechs Rotznasen ein zu Knödel und Schweinebraten. An diesem Tag hatten die Kinder das erste Mal seit dem Tod ihrer Mutter wieder einmal einen schönen und entspannten Familiensonntag.

Eingezogen ist sie dann tatsächlich auch bei uns, meine Ludmilla. Allerdings erst ein paar Monate später. Und auch nicht als Mieterin, sondern als meine mir angetraute Ehefrau. Im Laufe unseres zweiten Ehejahres brachte sie unser erstes gemeinsames Kind zur Welt, ein weiteres sollte folgen.

Heute danke ich Gott, dass er mir nach dem Tod meiner ersten Frau eine Gefährtin geschickt hat, die mich und meine Kinder gleichermaßen liebt, obwohl sie 15 Jahre jünger ist als ich. Mich als ihren Ehemann und meine Kinder, Enkelkinder und Urenkel als ihre Mutter, Großmutter und Urgroßmutter.

Der Blitz

Vor exakt zehn Jahren, vier Monaten und drei Tagen bin ich Witwer geworden. Meine Frau litt an einer unheilbaren Krankheit, und ich habe sie bis zum letzten Tag gepflegt. Die ersten zwei Jahre nach ihrem Tod wusste ich nichts mehr mit mir anzufangen und ging täglich von unserem Haus auf der Katharinenhöhe hinab und besuchte ihr Grab im Katharinenfriedhof. Stundenlang saß ich auf einer Bank in ihrer Nähe und lauschte der Geschäftigkeit des vorbeibrausenden Verkehrs, der für mich in der Stille des Gottesackers wie von einem anderen Stern kam. Im Sommer trug ich zum Ausgehen immer einen leichten Anzug mit weißem Hemd und dezenter Krawatte, dazu einen Hut und einen beigen Staubmantel. In den vergangenen Jahren war ein Gehstock mit silbernem Knauf dazu gekommen. Aber meine eigentliche Geschichte ereignete sich ja im Winter.

Es war ein sehr kalter Januartag, und so holte ich mir einen Flanellanzug, Hemd, Krawatte und einen meiner Filzhüte aus dem Schrank, passend zum Anzug, versteht sich. Darüber trug ich einen warmen dunkelgrauen Wollmantel und schwarze

Lederhandschuhe. Bei der Auswahl meiner Kleidung war ich äußerst sorgfältig, wie es sich nach einem Leben als Geschäftsführer des exklusivsten Herrenausstatters am Platz wohl auch geziemte. Da es draußen bei aller Kälte trocken war, wählte ich kompakte Lederschuhe anstelle der sonst üblichen Stiefeletten zu meinem Outfit, auch weil ich nach meinem Friedhofsbesuch einen Termin beim Arzt hatte. Dadurch sah ich mich zu einem viertelstündigen Fußmarsch in seine Praxis gezwungen. Mein Hausarzt hatte eine routinemäßige Blutabnahme angeordnet, und ich hatte am Morgen auf mein gewohntes Frühstück verzichten müssen. Nach dem unfreiwilligen Spaziergang und dem Arztbesuch war ich daher schrecklich hungrig und suchte das traditionelle Café Dobmeier auf. Dort hatte ich früher oft gemeinsam mit meiner Frau gesessen und den hervorragenden Kuchen genossen. Doch an diesem Tag schien das Glück nicht auf meiner Seite zu sein. Alle Tische waren besetzt. Als Mann vom Fach fiel mir sofort auf, dass überall die Jacken achtlos über den Stuhllehnen hingen und am schmutzigen Boden entlang streiften. Die Hosen der Männer sahen aus wie für Fabrikarbeiter gemacht, und die Frauen steckten fast alle in unförmigen weiten Strickpullovern. Ich war wohl der letzte meiner Art, was ein korrektes Erscheinungsbild betraf, so dachte ich mir. Enttäuscht wollte ich umdrehen und die Kaffeehausstube verlassen, da fiel mein Blick auf einen der kleinen Ecktische, an dem eine ältere Dame saß. Wie magnetisiert zog es mich hin zu dieser gepflegten Person und ich trat vorsichtig an ihren Tisch. Begleitet von einer leichten Verbeugung, lüpfte ich meinen Hut: „Grüß Gott, die Dame, ist an Ihrem Tisch noch ein Plätzchen frei?"

„Ja freilich, nehmen Sie doch Platz", säuselte sie und wies mit ihrer manikürten Hand auf den Stuhl ihr gegenüber.

Ich legte ab, hängte meinen Mantel und meinen Hut ordentlich an die nahezu leere Garderobe neben einen honigfarbenen Nerzmantel und setzte mich zu ihr. Während ich mein ausgefallenes Frühstück nachholte, kamen wir ins Gespräch. Sie erzählte mir von dieser eigenartigen Weise, wie sie sich fremd fühlte in der neuen Zeit. Wohlwollend ließ ich meinen Blick über sie gleiten. In ihrem altrosa Strickensemble, den dunkelblauen Pumps und dem kleinen Hut auf ihren silbernen Löckchen sah sie einfach hinreißend aus. Schon lange nicht mehr hatte ich an einer Frau eine derart ansprechende Kombination gesehen. Eine dezente Perlenkette sowie zwei elegante Goldringe rundeten das Ganze stilvoll ab. Die Zeit verging mir wie im Flug. Schon nach der zweiten Tasse Kaffee nahmen wir – zur Feier des Tages – einen zugegeben sehr frühen Cognac zu uns und beschlossen spontan, dieses zufällige Aufeinandertreffen mit einem Spaziergang durch die Altstadt abzurunden. Veronika, so hieß die Dame, brachte mich zum Lachen, als sie einen mir gut bekannten Nachkriegswerbeslogan zitierte: „Ein Herr ohne Behauptung erscheint immer unangezogen“. Daraufhin musste ich ihr schon mitteilen, dass ich diesen Fedora, den ich auf meinem Kopf trug, in Grau, Schwarz und Blau besaß und als mein wichtigstes Utensil überhaupt betrachtete. Zum Abschied tauschten wir unsere Telefonnummern aus, und ich bedauerte ehrlich, dass ich in den darauf folgenden zwei Wochen mit meinem Bruder und dessen Frau auf eine lange geplante Fernreise ging.

So kam es, dass ich in dem schicken Hotel in New York, in dem wir logierten, allabendlich nach dem Essen den Speisesaal verließ und mit dem geborgten Mobiltelefon meines Bruders auf meinem Zimmer verschwand. Nach ein paar Tagen ermahnte mich meine Schwägerin, ob ich nicht wisse, was diese endlosen Gespräche nach Deutschland kosten würden. Ich wusste es tatsächlich nicht. „Ist mir aber gleichgültig, ich bezahle euch die Kosten, wenn wir wieder zuhause sind“, gab ich ihr zu verstehen.

Verständnislos schüttelte mein Bruder den Kopf. „Was ist denn in dich gefahren?“ wollte er von mir wissen.

Meine Antwort kam spontan: „Mich hat der Blitz getroffen.“

Von dieser Antwort belustigt überließen sie mir von nun an widerstandslos ihr Telefon. Veronika und ich telefonierten täglich, wie verliebte Teenager. Daheim angekommen luden mein Bruder und seine Frau uns zwei zum Abendessen ein und zur Begrüßung sagte mein Bruder zu Veronika: „Nett, Sie kennenzulernen, Frau Blitz."

Veronika schaute ihn an, als ob er nicht bei Verstand wäre.

Wir anderen jedoch lachten und meine Schwägerin erzählte ihr die Geschichte vom Blitz, der im hohen Alter noch einmal eingeschlagen hatte. Seit diesem Zusammentreffen wird meine zweite Frau von meiner Familie liebevoll „der Blitz" genannt. Wenn ich zuhause gemütlich in meinem Ohrensessel sitze und genüsslich meine Pfeife rauche, blicke ich stolz auf unser gerahmtes Hochzeitsbild. Was für ein elegantes Paar!

Petticoat

Ich heiße Lucia und ich habe mich in der Zeit des Wiederaufbaus als blutjunges Mädchen verliebt.

Ich wuchs als Einzelkind in Schwandorf auf, und meine Familie besaß eine geräumige Altbauwohnung mitten in der Stadt. Hier gab es viele Geschäfte, Kirchen und gesellschaftliche Veranstaltungen. Mein Vater war in leitender Position bei der Bahn beschäftigt, und meine Mutter engagierte sich neben ihren Hausfrauenpflichten in der katholischen Kirche. Das alles weiß ich aus Erzählungen, denn als Schwandorf während des Krieges bombardiert wurde, flüchtete meine Mutter mit mir zu Verwandten, die im Umland wohnten. Dort blieben wir eine Weile, und ich ging mehr oder weniger regelmäßig zur Schule. Als dann offiziell bestätigt wurde, dass mein Vater im Krieg gefallen war, wies man meiner Mutter und mir eine kleine Wohnung zu, die etwa 40 Kilometer von der Heimat entfernt im Lauterachtal lag. Ich hatte noch nie davon gehört, doch hier sollte ich also ab jetzt wohnen und zur Schule gehen.

In dem Hundertseelenort war das Leben anders, als ich es als Stadtkind gewohnt gewesen war. In der kleinen Gemeinde wohnten überwiegend Bauern und Handwerker und die einzigen Freizeitbeschäftigungen waren mit der Kirche oder dem ansässigen Wirtshaus verbunden. Dort fand jede Woche ein Tanzabend statt und schon früh, im Alter von 14 Jahren, ging ich in Begleitung meiner Mutter oder gemeinsam mit Schulkameradinnen aus, um etwas Abwechslung in den tristen Alltag zu bringen. Meine Mutter lebte von einer kleinen Witwenrente, und ich ging nach der achten Schulklasse in den nächstgrößeren Ort und absolvierte dort in einem damals weit über die Landkreisgrenzen hinaus bekannten Atelier eine Ausbildung als Damenschneiderin. So hatte ich die Möglichkeit, mich nach dem neumodischen Geschmack der 50er Jahre zu kleiden. Meine Petticoats, Blusen und Kurzmäntel nähte ich mir nach den Vorlagen der bekannten Hersteller. Was mich auf dem dörflichen Tanzboden zu einer Art Paradiesvogel machte. Denn nur wenige der Bauernstöchter hatten ebenfalls die Möglichkeit und die Mittel sich zeitgemäß zu kleiden.

Die Burschen waren schon bald hinter mir her, obwohl ich mich nie als besonders schön empfunden hatte. Für die damalige Zeit war ich eher zu groß, gertenschlank, hatte mittelbraune, dicke Haare, meist Zöpfe, ein ebenmäßiges Gesicht und die Durchschnitts-Schuhgröße 38. Was ein riesiger Vorteil war, da im Schneideratelier regelmäßig Modenschauen stattfanden und ich als Modell mit meinen Maßen nahezu perfekt war. Als Lohn durfte ich die Schuhe behalten, und so trug ich Sommer wie Winter gelbe, rote, grüne oder schwarze Stöckelschuhe – je nachdem welche Farben meine Arbeitgeber für die Vorführungen gekauft hatten.

In meinem zweiten Lehrjahr geschah es dann, dass auf einer Tanzveranstaltung bei uns im Ort ein mir bis dahin völlig unbekanntes Gesicht auftauchte. Auch ich fiel dem Unbekannten sofort ins Auge und er steuerte direkt auf mich zu.

„Was machen denn solche Schuhe auf diesem ehrwürdigen Scheunenboden?“ Er lachte und sah mir tief in die Augen.

Für mich war es Liebe auf den ersten Blick. Ich brachte kein Wort heraus, und als er mich auf die Tanzfläche zog, begann sich alles um mich herum vor Glück zu drehen. Er hielt mich fest in seinen Armen und erzählte mir von seinem Leben in Würzburg, wo er wohnte. Wir tanzten die ganze Nacht, und als meine Mutter mich nach Hause holte, fühlte ich mich so einsam, wie nie zuvor in meinem Leben. Natürlich fragte mich meine Mutter aus, ich konnte ihr allerdings nicht erklären, wie dieser Mann, der 16 Jahre älter war als ich, in unser Dorf gekommen war. Tage verbrachte ich damit, von ihm zu träumen. Meine Mutter hörte sich derweil in der Kirchengemeinde um, die damals wie heute eine zuverlässige Informationsquelle war. Erich war das jüngste von acht Kindern eines Maurers und lebte von Kindesbeinen an bei seinem Onkel und seiner Tante in Würzburg. Früher war es nicht unüblich, eines der Kinder an kinderlose Verwandte abzugeben, bei denen sie dann eine bessere Schulbildung und Ausbildung erhalten konnten. So war es auch in diesem Fall geschehen. Der attraktive Unbekannte hatte in Würzburg die Oberschule besucht, ein Instrument erlernen dürfen und trat nach der Gründung der Bereitschaftspolizei in Nürnberg 1952 dieser gleich bei. Seit unserem ersten Tanzabend kam Erich, so oft er konnte zu Besuch. Das erste Jahr über mietete er sich in dem einzigen Gasthof im Dorf ein, oder er schlief bei seinen Eltern auf dem Heuboden. Ich verbrachte meine Freizeit damit, auf ihn zu warten, denn ich wusste nie, wann er kommen würde. Meine Mutter und ich hatten kein Telefon, und wegen seines Bereitschaftsdienstes wusste Erich nie hundertprozentig, wann er wirklich weg konnte. Er kam einfach, klopfte bei uns an und führte mich aus zum Tanzen, zum Essen, oder einfach nur auf ein Glas Wein. Nach gut einem Jahr – ich war gerade 16 geworden – schlich es sich ein, dass Erich nach dem Tanzen gleich bei uns in der Wohnung über Nacht blieb. Meine Mutter machte gute Miene zum bösen Spiel, bis sie das Gerede der anderen Dorfbewohner nicht mehr aushielt. Sie unterschrieb alle nötigen Formulare und wir heirateten kurz vor meinem 17. Geburtstag. Ich war zwar fertig mit meiner Ausbildung, mein Mann aber wohnte in einem Wohnheim für Beamte und deshalb führten wir eine Fernbeziehung, so würde man es heutzutage nennen, denke ich. Mit 18 Jahren bekam ich dann unser erstes Kind, unsere Tochter Anette, und ich hörte auf zu arbeiten. Mein Mann suchte uns ein Haus und wurde fündig in Johannis, einem Stadtteil von Nürnberg. So zog ich mit meiner Mutter und dem Kind zu ihm – wieder in eine Stadt.

Heute leben wir immer noch in diesem Haus, das im Laufe der Jahrzehnte in alle Richtungen angebaut und ausgebaut wurde. Meine Tochter hat vier Kinder, und jahrelang tobte diese laute Rasselbande durch unser Haus. Da meine Tochter und ihr Mann berufstätig sind, war ich als junge Oma viele Jahre der Mittelpunkt unserer Familie. Mittlerweile ist es ruhiger geworden, und komplett zusammen sind wir nur noch bei Familienfeiern. Mein Mann, der bereits 91 Jahre alt ist, hat in den letzten Jahren sehr stark abgebaut. Abgesehen von den körperlichen Leiden nimmt seine Demenz inzwischen immer mehr Platz in unserem Leben ein. Doch eine Unterbringung in einem Seniorenheim ist nur als allerletzter Ausweg geplant. Ich habe einen Pflegedienst beauftragt, der mir die tägliche Arbeit erleichtert, und meine Tochter verwaltet unsere finanziellen Angelegenheiten.

Je mehr mein Erich in der Dunkelheit versinkt, desto mehr unterhalten wir uns über die alten Zeiten. Er erzählt mir dann von seiner Begegnung mit einem jungen Irrwisch, der ihn mit einem weitschwingenden Petticoat unter dem kunterbunten Kleid und den kanariengelben Stöckelschuhen auf Anhieb verzaubert hat.

Ein Lächeln geht auf Reise

Das erste Weihnachtsfest als Ruheständlerin war vorbei. Ich hatte mich noch nicht an den Zustand gewöhnt, keiner regelmäßigen Beschäftigung mehr nachzugehen. Auch fühlte ich mich als „Rentnerin" nicht wohl, weil ich diesen Zustand mit dem Begriff „Seniorin" verband, was für mich gleichbedeutend mit „alt" war. Nach meiner Scheidung vor fünf Jahren hatte ich mich emotional in ein Schneckenhaus zurückgezogen. Wenn ich mich nicht unter Bergen von Arbeit vergrub, verbrachte ich meine Zeit mit Lesen und Fernsehen. Die Pensionierung aber kam unweigerlich und mit ihr eine unendliche Leere in meinem Leben. Früher hatte mich meine beste Freundin, die mir als Kind den Kosenamen Rieke verpasst hatte, immer um mein Leben beneidet. Um meinen gescheiten Mann und meine Tochter. Evi hatte Werkzeugbau studiert und war sehr erfolgreich in der Automobilbranche tätig – weit weg von mir und ihrem einstigen Zuhause.

Ich hingegen saß hier fest. In dem Fünfhundert-Seelen-Dorf, in dem ich schon geboren wurde. Das viel zu große Haus war mir von meiner einst glücklichen Ehe geblieben. Verloren hatte ich auch meine beste Freundin, denn die lebte jetzt mit meinem Ex-Mann zusammen.

Meine Tochter besuchte mich zuverlässig an Ostern und Weihnachten, meist auch an meinem Geburtstag. In den letzten Jahren wurden die früher regelmäßigen Telefonate jedoch immer weniger, da alle Welt heute im Internet schreibt und kein überflüssiges Wort mehr miteinander spricht. So blieb auch mir nur die Möglichkeit, mit ihr über E-Mail zu kommunizieren, damit der regelmäßige Kontakt aufrechterhalten blieb. Dabei hatte ich es immer genossen, ihre Stimme zu hören, ihre Gefühle zu erahnen und Stimmungen wahrzunehmen. Es gab Tage, da redete ich mehr mit den Vögeln in meinem Garten, als mit irgendeinem Menschen. Und das Streicheln der Nachbarskatze war die einzige Abwechslung in meinem Leben. Ich war bereits auf dem Weg, mich in meine Einsamkeit einzunisten, doch das Schicksal hatte seine eigenen Pläne mit mir.

Es begann letzte Weihnachten, am Heiligabend. Anstelle des obligatorischen Parfüms und des Kaffees lag diesmal ein Smartphone bei mir unter dem Christbaum. Ich machte zunächst gute Miene zum bösen Spiel. Als dann aber der Gutschein für einen PC-Kurs mit dem Titel: „Silversurfer – Abenteuer Internet“ aus der Verpackung rutschte, entgleisten meine Gesichtszüge. Meine fast vierzigjährige Tochter lachte herzlich und nahm mich in den Arm. Sie hatte natürlich mit einer solchen oder ähnlichen Reaktion gerechnet. Bisher hatte ich mich mit Händen und Füßen geweigert, mein altes Tastenhandy gegen ein neumodisches Smartphone zu tauschen. Es fiel mir daher schwer, meine Enttäuschung zu verbergen. Bei den sauren Zipfeln, unserem traditionellen Weihnachtsessen, ließ Evi die Katze aus dem Sack:

„Mama, du wirst Oma! Und ich habe mir gedacht, dass du bestimmt die ersten Worte und Schritte deines Enkels per Video mitverfolgen willst."

Ich war baff, der saure Bissen blieb mir im Hals stecken. Dass meine Tochter in einer mehr oder weniger festen Beziehung lebte, wusste ich natürlich. Allerdings kam das alles für mich doch sehr überraschend. Ich hatte keine Ahnung gehabt, dass sie in ihrem Alter überhaupt noch an Nachwuchs dachte. Auf diese Nachricht sollten wir sicher anstoßen, ging es mir durch den Kopf, und ich ging wie ferngesteuert in den Keller, um eine Flasche Sekt zu holen. Sicher, so dachte ich, ich hatte meinen Mann auch nicht als Backfisch kennengelernt, für die damaligen Verhältnisse war ich mit meinen 24 Jahren schon eher eine alte Jungfer gewesen. Mit vierzig wurde man seinerzeit eher Oma als Mutter. Die Verwirrung stand mir ins Gesicht geschrieben.

Meine Tochter Evi lächelte mich belustigt an.

Nachdem die erste Überraschung sich aber gelegt hatte, traten mir Tränen der Freude in die Augen. Als sie dann wieder in ihre neue Heimat aufbrach, musste ich ihr hoch und heilig versprechen, zwei Wochen später an dem gebuchten Lehrgang teilzunehmen.

Versprochen ist versprochen und wird auch nicht gebrochen. An einem eiskalten Wintertag – morgens um fünf hatte das Thermometer unter zwanzig Grad minus angezeigt – saß ich aufgeregt in dem gut beheizten Computerraum der Volkshochschule. Draußen war es grau und trist, die Januarsonne ließ noch auf sich warten, und dem liegengebliebenen Schnee zum Trotz waren die Straßen frei und gut befahrbar gewesen. Inmitten der älteren Herrschaften fühlte ich mich gleich wohl und suchte mir einen Platz in der ersten Reihe, wie ich es aus meiner Schulzeit gewöhnt war. Auch unser Dozent war schon im fortgeschrittenen Alter und bot uns sofort das freundschaftliche „Du“ an. Er war vier Jahre älter als ich und hieß Friedrich, wollte aber bei seinem Spitznamen „Rick“ genannt werden. Darüber musste ich insgeheim lächeln. Mein Geburtsname war Frederike, und auch ich konnte diesen Namen nicht ausstehen. In der Kennenlernrunde stellte ich mich daher als Rieke vor. Gespannt lauschte ich den Ausführungen und machte mir eifrig Notizen. Nach den ersten Abenden, die den Computern im Allgemeinen, dem damit verbundenen

Email-Verkehr, dem Online-Einkauf und den Suchmaschinen gewidmet waren, folgte der nächste Themenbereich: Generation 60+ und der zeitgemäße Umgang mit dem Smartphone. Ich hatte mich bereits die ganze Woche auf den Kursabend gefreut, und nach langer Zeit machte ich mich dafür wieder einmal sorgfältig zurecht. Staunend betrachtete ich das ungewohnte Spiegelbild, als ich mir die Lippen dezent nachzog. Ich musste wirklich wieder mehr unter Menschen gehen, meinen Geist beschäftigen. Vielleicht hatte meine Tochter mit ihrem Drängen: „Du musst mehr am Puls der Zeit leben“ doch recht gehabt. Jetzt war es also soweit. Ich war die einzige Teilnehmerin, die ihr Smartphone noch original verpackt auf den Tisch legte. Rick musste darüber erst einmal herzhaft lachen. Das hatte er nach meinen guten allgemeinen PC-Kenntnissen nicht erwartet. Er fragte mich, warum ich so eine offensichtliche Abneigung gegen das Smartphone habe. Zögerlich habe ihm gestanden, dass ich den direkten Kontakt zu Menschen vermisse und mit niemandem am Tisch sitzen möchte, der sich mehr mit seinem Handy als mit mir beschäftigt. Was durchaus auch in meiner Generation zunehmend üblich wird. Er stimmte mir zu, merkte jedoch an, dass es schon auch seine Vorteile habe, in Chatrooms miteinander zu kommunizieren und dadurch in regelmäßigem Kontakt zu bleiben. Die letzte Unterrichtseinheit widmete er dann auch den Kurzmitteilungen per Handy und den damit verbunden Emoticons. Das Wort Emoticons ist ein Spezialbegriff, zusammengesetzt aus den beiden englischen Wörtern „Emotional Icon“, was auf Deutsch so viel heißt wie emotionales Zeichen. Ich hörte den Begriff das erste Mal überhaupt. Voller Staunen erfuhr ich, dass aus dem mir wohlbekannten Kinderreim: Punkt, Punkt, Komma, Strich, fertig ist das Mondgesicht, eine ganze Armee von Gesichtern entstanden ist, die Gefühlszustände ausdrücken sollen. Rick richtete für alle Teilnehmer eine gemeinsame Whats-App-Gruppe ein und forderte uns auf, falls Fragen offen geblieben wären, gerne mit ihm in Kontakt zu treten. So ging dieser Kurs zu Ende, und zum Abschied erhielt jeder von uns von der Volkshochschule noch einen Briefumschlag mit dem Teilnahmezertifikat. Wieder daheim machte ich mir eine Tasse Tee und öffnete den Umschlag. Darin lag neben der ausgedruckten Bescheinigung noch ein anderer Zettel, und ich las verwundert, was darauf stand:

Liebste Rieke,

☺ *ich sende Dir ein lächelndes Gesicht, zum Ausdruck meiner Freude, dass ich Dich kennenlernen durfte*

☹ *ein trauriges Gesicht, zum Ausdruck meiner Enttäuschung, dass der Kurs nun zu Ende ist*

😢 *ein weinendes Gesicht, zum Ausdruck meiner Trauer, dass wir uns vielleicht nicht mehr wiedersehen*

😉 *und ein Augenzwinkern, als Aufforderung an Dich, dass Du Deinem Herz einen Schubs gibst und mich mit Deinem Handy kontaktierst*

😛 *ein Gesicht mit herausgestreckter Zunge, weil ich weiß, dass das schon etwas frech von mir ist*

😃 *und ein Dich anlachendes Gesicht, das Dir zeigen soll, wie sehr ich mich über eine Nachricht von Dir freuen würde*

Dein Verehrer Rick

Ich traute meinen Augen nicht. Meinen letzten Liebesbrief hatte ich mit 17 Jahren erhalten, mit Veilchenduft parfümiert und in krakeliger Handschrift verfasst. Nie im Leben hätte ich es für möglich gehalten, dass Rick sich für mich interessieren könnte. Mit zittrigen Fingern griff ich nach meinem Smartphone und schickte nur drei Worte in die neu erstellte Whats-App-Gruppe:

😮 Ausdruck von Überraschung

Daraufhin klingelte mein Telefon, und Rick fragte mich, ob ich nicht am nächsten Tag Lust auf einen Kaffee hätte. Ein Treffen von Angesicht zu Angesicht, ohne Smartphone auf dem Tisch. Diese

Worte wurden von einem schelmischen Lachen untermauert, und ich sagte spontan zu.

Heute genieße ich mein Leben als Rentnerin. Rick und ich freuen uns gemeinsam über jede Aufnahme von meinem jetzt schon fast zweijährigen Enkelsohn. Wir verbringen viel Zeit miteinander und verreisen, so oft es sich einrichten lässt. Von unseren Urlaubszielen schicken wir regelmäßig Bilder und Videoaufnahmen an meine mittlerweile verheiratete Tochter, auch Emoticons, mit lieben Grüßen von Rick und Rieke.

Gut behütet

In meiner Jugend war es nicht selbstverständlich, dass jedes Mädchen eine Ausbildung machen durfte. Für viele Lehren bekam man keinen Lohn, sondern musste noch bezahlen oder täglich bis zu zwölf Stunden arbeiten, nur für Kost und Logis. Ich hingegen hatte großes Glück. Meine Eltern schickten mich auf eine höhere Mädchenschule und anschließend zum ersten Hutmachergeschäft der Stadt, damit ich dort das Handwerk der Hutmacherin erlernte. Am Anfang allerdings durfte ich nur die bereits fertigen Hüte verpacken, Botendienste erledigen und die Werkstatt sowie das Geschäft sauber halten. „Lehrjahre sind keine Herrenjahre", dieser oft zitierte Spruch klingt mir noch heute in den Ohren. Filz und Garn waren teuer. Nicht zu vergessen die edlen Bänder, Perlen, Schmucksteine und Federn, die bei den aufwendigeren Modellen verarbeitet wurden. So konnte ich mich nur allmählich an meine eigentliche Arbeit herantasten und meine Geschicklichkeit unter Beweis stellen. Aber ich war ehrgeizig, und in meiner wenigen Freizeit habe ich aus dem Abfall der Hutmacherwerkstatt und den übrig gebliebenen Stoffresten von meiner Mutter Kappen und Kopfbedeckungen kreiert. Das neueste Modell dieser Eigenkreationen trug ich dann eines Tages auf meinem Weg zur Arbeit, und so wurde mein Lehrherr auf mein Talent aufmerksam. Er lehrte mich, die Grundmodelle für Damen- und Herrenhüte anzufertigen, und einige davon durfte ich nach Belieben verzieren. Bald gab es im Geschäft ein Regal nur mit meinen Modellen, und voller Stolz sah ich auf meinem Weg zur Arbeit immer wieder junge Männer und Frauen mit meinen Entwürfen auf dem Kopf. Stundenlang saß ich in meinem Mädchenzimmer und wälzte Zeitschriften, die meine Eltern von Freunden und Verwandten organisierten, um mir die neuesten Trends anzueignen. So oft es mein schmales Portemonnaie erlaubte, ging ich ins Kino und kopierte anschließend die Hutmode der Hollywood-Diven sowie der Gangster aus New York. Ich schmachtete dahin bei Filmen wie „Bettgeflüster“ und „Ein Pyjama für zwei“ mit Doris Day und Rock Hudson. Ich weinte mit Audrey Hepburn in „Frühstück bei Tiffany“ und bewunderte Sophia Loren in „Hausboot“ für ihre Leidenschaft. Ich lebte in einer imaginären Welt. Meine Tage verbrachte ich damit, Hüte herzustellen, und meine Nächte in hoffnungsloser Träumerei.

Der erfolgreichen Ausbildung folgte die Meisterschule, und ich schloss als Innungsbeste ab. Zur Ehrung wurde ich nach München eingeladen, dort sollte mir neben dem Meisterbrief und der Ehrenurkunde auch ein Geschenk überreicht werden. Wobei es sich sicherlich um etwas Nützliches für das Berufsleben handelte, so dachte ich. Dies sollte meine erste weitere Reise werden. Meine Mutter hatte eine ehemalige Schulfreundin in der Landeshauptstadt, und sie hatte mich bei ihr angemeldet, damit ich dort übernachten konnte. Noch nie in meinem Leben war ich so aufgeregt gewesen. Tagelang überlegte ich, was ich anziehen sollte. Ich machte meine ganze Familie damit verrückt, und an manchen Tagen beschloss ich, einfach gar nicht hinzufahren. Am Schluss siegte die Vernunft. Ich zog meine dunkelblaue Caprihose an, eine weiße Bluse und schwarze Pumps. Ziemlich normal für die damalige Zeit. Der eigentliche Hingucker jedoch war mein über das Maß hinaus dekorierter, riesengroßer, knallroter Schlapphut. Meine Mutter gab mir vorsorglich einen Stoffbeutel mit auf die Reise, um den Hut darin zu verstecken, falls ich doch noch zur Vernunft kam. Sie schüttelte nur den Kopf, als ich aus der Tür trat, und ich machte mich schnurstracks auf den Weg zum Bahnhof. Zweimal musste ich umsteigen, und nach dem letzten Mal war der Zug gerammelt voll. Ich zwängte mich durch die Gänge und hielt dabei meinen Hut fest auf den Kopf gedrückt, um ihn ja nicht zu verlieren. Als ich mich bis zur Ersten Klasse durchgekämpft hatte, verließ mich der

Mut, doch noch einen Sitzplatz zu finden. Da öffnete sich eine Abteiltür und ein gutaussehender junger Herr forderte mich mit den folgenden Worten auf einzutreten:

„Mit diesem Hut können Sie unmöglich auf dem Gang stehen bleiben. Es kommt ja kein Mensch an Ihnen vorbei."

Ich starrte ihn irritiert an, sprachlos über diese Frechheit.

„War doch nur ein Scherz. Aber außergewöhnlich ist diese Kreation schon. Oder meinen Sie nicht?"

Jetzt musste ich erleichtert lachen. „Ja, das stimmt. Ist von einer etwas verrückten Hutmacherin."

Er nickte, wie um meine Aussage zu bekräftigen, und verwickelte mich sofort in ein belangloses Gespräch. Wir redeten über das Wetter, die Zugreise und meine Heimatstadt Weiden, während Wiesen, Wälder und Ortschaften an uns vorbeizogen, ohne unsere Aufmerksamkeit zu bekommen. Irgendwann kam das Thema auch auf die Lichtspielhäuser, die in der letzten Zeit wie die Pilze aus der Erde schossen, und ich gestand ihm meine Leidenschaft für Filme aus Hollywood. Er war begeistert, hatte er doch selbst vor, heute Abend in München einen Film von James Dean anzusehen. „Denn sie wissen nicht, was sie tun." Von diesem Streifen hatte ich zwar noch nichts gehört, war aber gleich Feuer und Flamme, ihn mir gemeinsam mit ihm anzusehen. Wir verabredeten uns für 18.30 Uhr am Gloria Palast, und er erzählte mir begeistert von dem modernen Filmtheater mit seinen 800 Plätzen und dem in der Bühne eingebauten Wasserspiel. Über eine Orgel gesteuert und musikalisch untermalt, würden dort vor der Vorstellung meterhohe farbig illuminierte Wasserfontänen in die Höhe schießen, schwärmte er. Wenn man schon mal in München sei, sollte man sich das auf keinen Fall entgehen lassen. Ich war begeistert, traute meinen Ohren nicht und zählte in Gedanken schon mal meine Barschaft.

Gott sei Dank war ein Mittagessen bei der Preisverleihung inklusive. So konnte ich mein bisschen Geld für diesen Film aufheben, denn der Eintritt war bestimmt nicht billig. Mit dem Versprechen, pünktlich zu sein, verabschiedeten wir uns bis zum Abend. Ich freute mich sehr und rief von einer Telefonzelle aus meine Zimmerwirtin an und gab ihr Bescheid, dass ich erst nach dem Kino bei ihr eintreffen würde. Sie erklärte mir, wie ich am besten mit Hilfe der öffentlichen Verkehrsmittel zu ihr kam und versprach aufzubleiben, um auf mich zu warten. Das lief ja wie geschmiert. Erhobenen Hauptes machte ich mich auf den Weg zur Handwerkskammer in der Maxvorstadt. Den Weg hatte ich mir auf einem Stadtplan von München schon tausendmal angesehen, so dass die Karte vom ständigen

Auseinander- und Zusammenfalten schon deutliche Risse aufwies.

Dort angekommen hatte ich nur kurz Zeit, mich umzusehen. Dann setzte ich mich auf den für mich als Preisträger ausgewiesenen Platz. Bis zur Eröffnung blieben mir noch einige Minuten, um mich zu sammeln, dann ging alles wie der Wind. Der Vorsitzende der Kammer postierte sich hinter dem Rednerpult und hielt eine ausschweifende Ansprache. Die Zuschauer wurden schon etwas unruhig, keiner wollte sich mit langatmigen Reden langweilen. Dann war es so weit. Nachdem die Preise für die besten Auszubildenden vergeben waren, kamen die Meisterschüler an die Reihe. Diese Auszeichnungen sollten vom Preisträger des vergangenen Jahres, einem Günter Kappenmacher, übergeben werden. Als dieser Ehrengast die Bühne betrat, stockte mir der Atem. Niemand anderer als meine Zugbekanntschaft war dieser Günter Kappenmacher. Er übergab den dritten sowie den zweiten Platz an die Ausgezeichneten. Mein Name wurde aufgerufen, und mit zittrigen Knien machte ich mich auf den Weg auf die Bühne. Meinen Hut hatte ich auf dem Kopf behalten, und ein amüsiertes Raunen ging durch die Reihen der Zuschauer, als sich Günter bückte, um mir an meinem Schlapphut vorbei links und rechts auf die Wangen ein Küschen zu geben. Er überreichte mir die Urkunde samt dem Geschenk und flüsterte mir ins Ohr, da sei eine Überraschung für mich drin. Ich kam mir vor wie eine der Darstellerinnen in einem der amerikanischen Filme und begab mich wieder an meinen für mich reservierten Platz in der ersten Reihe. Der offizielle Teil der Veranstaltung war nun zu Ende, und eine Menschentraube versammelte sich um das kalte Büffet. Ich jedoch brachte keinen Bissen hinunter. Starr blickte ich auf meinen Koffer mit dem Hutmacherwerkzeug, das ich geschenkt bekommen hatte, und drehte den Umschlag mit der Urkunde unschlüssig in meinen Händen. Um mich herum herrschte mehr Trubel als auf dem Bahnhof heute Morgen, und im Hintergrund hörte man jetzt leise Musik. Ich fühlte mich zunächst einmal wie eine Schnecke inmitten eines quirligen Ameisenhaufens. Doch so allmählich fuhr ich meine Fühler wieder aus und öffnete den Umschlag. Die Urkunde schillerte in bunten Farben, doch dahinter blitzte etwas schneeweiß hervor. Überrascht zog ich das zusammengefaltete Papier heraus, und eine Kinokarte fiel mir auf den Schoß. Was für eine Überraschung! Suchend blickte ich mich um, doch weit und breit keine Spur von Günter. Mit der Aussicht auf eine aufregende Verabredung im Gepäck machte ich mich auf in die Stadt. Bevor die Vorstellung begann, wollte ich noch einen Schaufensterbummel machen und ein Kaffeehaus besuchen. Mein Geld konnte ich ja jetzt ausgeben, das Billet hatte ich ja schon. Ich strahlte vor

Glück, und die Menschen, die mir begegneten, strahlten zurück. Nicht wissend, dass dieser Tag sich anschickte, einer der schönsten in meinem Leben zu werden.

Letztes Jahr habe ich meinen 70. Geburtstag gefeiert. Noch immer gehe ich fast täglich in unseren Hutsalon „Kappenmacher". Nomen est omen – der Name ist Markenzeichen. Mein Mann Günter und ich haben fünf Jahre, nachdem wir uns im Zug kennengelernt hatten, die Werkstatt mit dem mondänen Laden mitten in Berlin eröffnet. Denn nur in dieser pulsierenden Großstadt konnten wir unsere Visionen von einer unkonventionellen Hutmacherei verwirklichen. Heute kümmert sich hauptsächlich meine ledige Enkeltochter um die Geschäfte. Sie hat nach dem Abitur ein paar Semester Kunst studiert. Im Moment absolviert sie bei uns im Haus eine Ausbildung – zur Modistin. Mal sehen, welche Preise sie erhalten wird.

Kartoffelkäfer

Meine Familie besaß einen großen Bauernhof. Deshalb hatten wir, anders als andere Kinder im Ort, auch während und nach dem 2. Weltkrieg immer genug zu essen. Freilich: Es gab nicht jeden Tag Fleisch und Wurst, wie es heute üblich ist. Und wir hatten keinen Kühlschrank, der aus allen Nähten platzte, doch wir waren gut versorgt. Im Keller, durch eine Luke im Boden des Hauswirtschaftraumes zugänglich, stapelten sich in Regalen die Gläser mit eingeweckten und eingelegten Köstlichkeiten. Kürbisse, Bohnen, Erbsen, Karotten, Birnen, Äpfel, Zwetschgen, Blaubeeren, Preiselbeeren und vieles mehr. Eine Vielzahl von hellen und dunklen Marmeladen aus Quitten, Johannisbeeren, Hagebutten, Holler und Erdbeeren erweiterte den Speiseplan. In großen irdenen Töpfen wurde das Schmalz aufbewahrt und in Fässern das Kraut. Einen ganzen Kellerabschnitt benötigten alleine die Kartoffeln, die wir, wie auch das Gemüse und das Obst, selbst angebaut haben. Die Säcke mit dem gemahlenen Mehl waren trocken gelagert und vor Mäusen geschützt. Wenn man dann noch den sonntäglichen Braten von Hühnern, Schweinen, Schafen und Kühen dazu nahm, ging es uns zu dieser schweren Zeit wirklich gut.

Deutlich besser als den meisten Leuten damals, und so mussten wir Kinder oft bis in die Nacht hinein an den Feldern sitzen und unsere noch nicht eingefahrenen Kohlköpfe, Kartoffeln, Rüben und ähnliches bewachen. Nicht selten kam es vor, dass die Armeleutekinder auf die Äcker geschickt wurden, um die Bauern zu bestehlen. Manchmal kamen sie auch erst später, um die Erntereste aufzulesen, aber mein Vater kannte keine Gnade. Er bestrafte jeden Dieb mit einer gehörigen Tracht Prügel und ließ die Jungen und Mädchen anschließend zur Strafe ohne Entlohnung auf dem Hof schuften.

Wie seine eigenen acht Kinder übrigens auch. Von klein auf hatte jeder von uns seine festen Aufgaben. Die wuchsen mit den Jahren auf ein nahezu nicht zu leistendes Arbeitspensum an. Für die Schule blieb natürlich nur noch wenig Zeit. Wenn der Dorfschullehrer am Sonntag wieder einmal vorbeikam, um auf die leidige Schulpflicht hinzuweisen, wartete schon ein fetter Braten mit Knödel auf ihn. So setzte sich mein Vater über die Gesetze hinweg und agierte, wie es ihm beliebte.

In einer dieser durchwachten Nächte auf dem Kartoffelacker sah ich sie das erste Mal. Ganz in dunkelbraune Lumpen gehüllt, schlich sie barfuß auf allen Vieren durch die Sträucher am Ackerrand ins Feld hinein. Wäre das Licht des Mondes in dieser Nacht nicht durch den wolkenlosen Himmel auf die Erde gefallen, hätte ich diese kleine, sich an den Boden duckende Gestalt wohl niemals bemerkt. Sie erweckte meine Neugier, und so beobachtete ich sie aufmerksam und kam zu dem Schluss, dass auch das Gesicht geschwärzt sein musste. Sonst würde sich die fahle Haut vom Dunkel absetzen. Obwohl ich meine Ohren spitzte, hörte ich nichts, was auch nur im Geringsten darauf hindeuten konnte, dass sich jemand an unserem Kartoffelfeld zu schaffen machte. Erst überlegte ich noch, ob ich ihr das Handwerk legen sollte, dann aber hatte ich Mitleid mit der kleinen Gestalt. Aber auch viel Respekt vor dem Mut, sich nachts alleine hier raus zu wagen und sich damit gegen meinen Vater zu stellen. Es musste schon große Not herrschen, wenn dieses Kind ein derartiges Risiko einging. Heimlich taufte ich sie auf den Namen „Kartoffelkäfer“.

In den Jahren nach dieser bemerkenswerten Nacht lief mir dieses Kind immer wieder über den Weg, ohne dass wir je ein Wort miteinander gewechselt hätten. Die Zeiten wurden besser, und Helene, so hieß sie, wie ich in Erfahrung gebracht hatte, musste nicht mehr stehlen, um satt zu werden. Sie sammelte Beeren, Pilze und Weinbergschnecken und machte alles zu Geld, was die Natur ihr schenkte. Auch in der Schule war sie eine der treibenden Kräfte, ein Aktivposten, wie man heute wohl sagt. Sie organisierte Klassensprecherwahlen, Schulsportfeste und gab den kleineren Kindern Nachhilfe.

Als ich nach der achten Klasse in die Maurerlehre bei meinem Onkel ging, der eine eigene kleine Firma besaß, verlor ich sie aus den Augen. Mein Vater hätte es ja lieber gesehen, wenn ich mich weiterhin als Knecht auf seinem Hof verdingt hätte, aber mein Onkel hatte keine eigenen Kinder, und so wurde ich schnell zu seiner rechten Hand.

Das Geschäft lief gut, und so beschlossen wir, zum ersten Mal eine Bürokauffrau auszubilden. Wir erhielten einige Bewerbungen, denn unsere Firma hatte mittlerweile einen guten Namen in der Region. So luden wir also die Schulabgängerinnen auf ein Vorstellungsgespräch ein. Kurz bevor wir uns endgültig entscheiden wollten, landete unerwartet eine verspätete Bewerbung auf meinem Schreibtisch. Helene! Ihre Mutter war gestorben, und damit war die Möglichkeit, eine weiterführende Schule zu besuchen, geplatzt wie eine Seifenblase. Sie brauchte dringend Arbeit, um ihren Lebensunterhalt zu sichern. Ohne lange zu überlegen, stellten wir sie ein. „Geschäftstüchtig“ und fleißig war sie ja, das wusste ich am allerbesten. Nun waren wir fast jeden Tag zusammen, und sie gefiel mir von Tag zu Tag besser. Auf die Nacht auf dem Kartoffelacker traute ich mich sie aber nicht anzusprechen. Nach einiger Zeit begann ich sie auszuführen. Wir besuchten Tanzveranstaltungen in den umliegenden Dörfern, ich hatte ja einen firmeneigenen Pritschenwagen, und wir gingen gemeinsam auf Jahrmärkte. Als ich sie nach der Weihnachtsfeier beschwipst nach Hause begleitete, nahm ich allen Mut zusammen und gestand ihr meine Liebe. Sie schmiegte sich in meine Arme und gab ihrerseits zu, dass sie sich schon als kleines Mädchen in den Burschen verliebt hatte, der sie ungehindert über die Felder streichen ließ, damit sie und ihre Mutter nicht hungern mussten. Heimlich hatte sie damals immer Ausschau gehalten, wann ich mit der Feldwache an der Reihe war und sich erst dann die zum Überleben notwendigen Lebensmittel geholt. Ich küsste sie zum ersten Mal und erzählte lachend, dass ich sie seit jener ersten Nacht insgeheim „Kartoffelkäfer" nannte.

Nur ein Jahr später haben wir geheiratet, und Helene hat mir über die Jahre hinweg ein halbes Dutzend Kartoffelkäferkinder geschenkt. Alle blitzgescheit, und Helene konnte an ihnen ihre eigentliche Berufung als Lehrerin ausleben. Ich habe irgendwann das Baugeschäft von meinem Onkel übernommen und es vor zwanzig Jahren wieder an einen meiner Söhne übergeben. Jetzt ist schon die dritte Generation im Geschäft tätig, und ich schaue zufrieden auf unser Leben zurück. Wäre ich heute nochmal ein junger Bursche, der auf dem Feld des strengen Vaters Wache halten muss, ich würde meiner Helene bei der Kartoffelernte helfen.

Das Glücksmädel

Dies ist die Geschichte meiner Großmutter Susanna, die vor sieben Jahren nach einem langen, erfüllten Leben im Alter von 92 Jahren verstorben ist. Sie wurde in Köln beerdigt, zwischen ihrem Ehemann Heinz und Emil, von dem in dieser Geschichte erzählt wird. So wie es ihr letzter Wunsch war.

Ich, Sarah, lebe mit meiner Familie und meiner Mutter Rebekka in Bayern, wo auch meine Oma Susanna den größten Teil ihres Lebens zugebracht hat. Geboren und aufgewachsen ist sie allerdings in Köln. Und die Geschichte ihrer ersten großen Liebe ist auch dort angesiedelt.

1936. Meine Oma Susanna war gerade 16 Jahre alt geworden und musste, wann immer sie konnte, ihrer Mutter helfen, die Leiterin des Kostümfundus im Millowitsch-Theater in Köln war. Susanna arbeitete im zweiten Lehrjahr als Textilverkäuferin für Stoffe und Zubehör, konnte jedoch auch nähen, da ihre Mutter ihr das Schneiderhandwerk beigebracht hatte. Obwohl die Mutter immer ein Auge auf sie hatte, trieb sie sich heimlich hinter den Kulissen herum und genoss die Theaterwelt mit ihrem besonderen Reiz. Die vergangenen

Jahre hatte die „Millowitsch Heimatbühne“ in unterschiedlichen Häusern gastiert. Sie vagabundierte kreuz und quer durch Köln. Ihre Stücke waren im „Reichhallen Theater“ in der Gertrudenstraße, im „Colosseum Theater“ auf der Schildergasse, im „Burghof Varieté“ auf der Hohestraße, im „Haus Metropol“ in der Apostelstraße, im „Kristallpalast“ auf der Severinstraße oder im „Magdeburger Hof“ auf der Mühlheimer Freiheit zu sehen. Das sollte sich nun ändern, denn die nationalsozialistischen Machthaber hatten erkannt, wie wichtig das Theater für die Unterhaltung der Menschen seinerzeit war, und verhalfen dem Ensemble zu einer festen Bleibe in der Aachenerstraße. Dort fand kurz nach dem 16. Geburtstag von Susanna die erste Premiere statt: „Ein Mädchen für alles“. Nach diesem großen Ereignis verabredete sich das Theatervolk in einem naheliegenden Lokal, um den Erfolg gebührend zu feiern. Auch Susannas Mutter war eingeladen und so bat sie ihre Tochter, solange im Theater zu bleiben, bis auch der letzte aus der Truppe gegangen war, und das Gebäude abzusperren. Susanna war enttäuscht. Zu gerne wäre sie mit zu der Feier gegangen. Mürrisch stand sie mit dem großen, alten Schlüsselbund in der Hand vor der Pforte des Theaters, bis endlich die letzten drei Personen das Theater verlassen hatten. Energisch steckte sie den Schlüssel ins Schlüsselloch und rüttelte zornig an dem langen, eisernen Schlüssel, der partout nicht sperren wollte. Leise Flüche begleiteten die erfolglose Prozedur. Jetzt begann es auch noch zu regnen. Susanna zog die Kapuze ihres Capes über den Kopf und schlug mit dem Fuß gegen das dunkle Holz der mächtigen Tür.

„Kann ich Ihnen helfen, Fräulein?“ Lachen begleitete die Frage von Emil.

Susanna kannte Emil, sie hatte ihn schon auf der Bühne gesehen. Die zwei anderen jungen Männer, die ihn begleiteten, waren ihr nicht bekannt.

„Wir möchten nämlich noch länger in diesem Haus arbeiten. Nicht, dass wir wegen nächtlicher Ruhestörung und Vandalismus Ärger mit den Anwohnern bekommen.“ Jetzt lachten alle drei aus vollem Halse.

„Da, bitte! Vielleicht können Sie das ja besser!“ Wutentbrannt ließ Susanna die Schlüssel stecken und machte einen energischen Schritt zur Seite.

„Nur langsam mit den jungen Pferden“, sagte Emil. „Wie kann denn so ein schönes Kind so aufbrausend sein?“

Susanna bekam einen roten Kopf. Emil zog die Tür fest an sich heran und ruckelte mit dem Schlüssel, bis er einrastete und sich anstandslos drehen ließ. Er stellte ihr mit einer galanten Handbewegung seine Freunde Ulrich und Heinz vor. Dann lud er Susanna ein, doch mit ihnen gemeinsam zur Feier zu gehen. Und sie stimmte zu, obwohl sie wusste, dass dies einen längeren Hausarrest nach sich ziehen würde.

So kam es, dass Susanna so viel Zeit wie möglich im Theater verbrachte, um Emil nahe zu sein, und Emil bald keinen Schritt mehr von ihrer Seite wich. Sie verbrachten jede freie Minute miteinander, und obwohl Emil zehn Jahre älter war als Susanna, galten sie schon bald als Romeo und Julia von der Aachenerstraße. Es kam, wie es kommen musste, und Susanna wurde mit gerade achtzehn Jahren schwanger. Emil und sie waren glücklich, beschlossen zu heiraten und stellten die dafür notwendigen Anträge. Nach einigen Wochen aber bekam Emil ein amtliches Schreiben mit der Mitteilung, dass er Susanna nicht heiraten dürfe, da ihre Großmutter Jüdin gewesen war. Zeitgleich kam ein Brief mit der Aufforderung, sich beim Arbeitsdienst zu melden. Unverzüglich! Und er wurde mit sofortiger Wirkung eingezogen. So begann eine schwierige Zeit für meine Großmutter. Der Krieg kam über das Land und Emil war vom ersten Tag an dabei. Mit Glück ergaunerte er sich acht Tage Heimaturlaub, als Susanna ihre gemeinsame Tochter zur Welt brachte. Die gesamte Zeit über saß er an ihrem Bett, um sie zu umsorgen und zu trösten, und bewunderte überglücklich sein neugeborenes Kind. Sie beschlossen, das Mädchen Rebekka zu nennen, obwohl ihre erste Wahl Julia gewesen wäre. Aber seit geraumer Zeit gab es eine Liste, die vorschrieb, welche Vornamen Kinder jüdischer Abstammung führen durften. Die Liste war nicht besonders lang und Rebekka erschien ihnen am erträglichsten.

Damals ahnten sie nicht, dass dies Emils letzter Besuch gewesen war. Er musste zurück in den Krieg und starb bei einem Fliegerangriff. Auch sein Freund Ulrich fiel, nur Heinz kam aus dem Krieg wieder nach Hause.

Das Haus in Köln, das damals in unserem Familienbesitz gewesen ist, wurde beim Bombenangriff auf die Stadt zerstört. Dabei kam auch Susannas Mutter ums Leben, die gerade bei einer Kundschaft Maß nahm. Verzweifelt und in Todesangst machte sich Susanna mit ihrer kleinen Tochter auf den Weg und floh nach Bayern. Dort zog sie von Hof zu Hof, um für die Bauern zu nähen. Damit konnte sie sich und ihre Tochter einigermaßen ernähren, und schweren Herzens fügte sie sich in ihr Schicksal.

Als sie nach dem Krieg von dem Entschluss Konrad Adenauers hörte, dem Millowitsch-Theater Baumaterial zur Verfügung zu stellen, damit die Menschen nach dem überstandenen Schrecken wieder die Möglichkeit hätten, ein Theater zu besuchen, sparte sie jeden Pfennig. Bereits am 19. Oktober 1945 brachte das Millowitsch-Theater das Stück „Das Glückskind“ auf die Bühne. Susanna kratzte alles Bargeld zusammen und fuhr mit dem Zug nach Köln. Sie wollte Abschied nehmen von einer Welt, zu der sie nicht mehr gehörte und traf dort auf Heinz, der auch auf der Suche nach einem neuen Platz im Leben war. Beide strahlten vor Glück über das unverhoffte Wiedersehen und verloren sich in den gemeinsamen Erinnerungen. Heinz beschloss, sie auf ihrem Heimweg nach Bayern zu begleiten und blieb, erst als ihr Freund und Begleiter, dann als ihr Ehemann. Sie arbeiteten hart, bauten ein Haus, bekamen gemeinsame Kinder und Heinz trug seine Susanna auf Händen durch ihr gemeinsames Leben. Emil aber blieb immer ein Bestandteil unserer Familiengeschichte, und die gemeinsamen Kinder von Susanna und Heinz liebten ihre Halbschwester Rebekka von ganzem Herzen. Wie ihre drei Eltern das auch getan hatten: Emil, Susanna und Heinz.

Glückauf!

Aufgewachsen bin ich in der Stadt Sulzbach. Am Boch, wie man das Bachviertel früher nannte. Damals war das Dorf Rosenberg noch nicht angegliedert, was später ja zu dem heutigen Ortsnamen Sulzbach-Rosenberg geführt hat. Mit seinen ungefähr 10.000 Einwohnern konnte sich Sulzbach schon sehen lassen.

Meine Kindheit war sehr einfach. Obwohl meine Eltern beide gearbeitet haben, war nur wenig zum Essen im Haus. Eine Semmel für drei Pfennig gab es nur zu besonderen Anlässen. Es fehlte uns ein Garten oder ein Grundstück, auf dem wir etwas anpflanzen konnten. Und das bei vier Jungen, Schwester hatten wir keine bekommen. Für sechs Personen war unsere Zwei-Zimmer-Wohnung auch für damalige Verhältnisse schon sehr beengt. Vor allem für mich, der mit seinen zwei älteren Brüdern ein Bett teilen musste. Die zwei langen Lulatsche lagen nebeneinander und ich musste mich in entgegengesetzter Richtung zwischen sie legen. Die ganze Nacht über hatte ich ihre „Kashaxen“ im Gesicht, da gab es kein Entrinnen. Manchmal schlief ich mit einem Tuch vor der Nase und atmete nur durch den

Mund. So war es nicht verwunderlich, dass ich mich gerne bereit erklärte, bei meinem Großvater Wilhelm auf dem Land als Kuhhüter zu arbeiten. Er brauchte dringend Hilfe, und ich brauchte dringend Luft zum Atmen.

Bis zur achten Klasse ging ich dann in dem Vierhundert-Seelen-Ort an der Grenze zu Mittelfranken in die Dorfschule. Das Dorf teilte sich in der Mitte durch das Feuerwehrhaus und den Löschweiher. Meine Freunde und ich wohnten im Unterdorf, wo auch die katholische Kirche stand. Zum Oberdorf hatten wir keinen besonders guten Kontakt. Wir redeten nur das Nötigste mit denen, eher prügelten wir Jungen uns nach der Schule mit den Oberdörflern, als uns mit ihnen zu unterhalten. In den großen Klassenzimmern der Schule wurden mehrere Jahrgänge gemeinsam unterrichtet, und so kannte man alle etwa gleichaltrigen Kinder vom Dorf zumindest vom Sehen. Wobei mir damals keines der Mädchen besonders ins Auge gestochen ist.

So ging ich also zurück nach Sulzbach, um mich für eine Lehrstelle als Bergmann zu bewerben. Leider bekam ich eine Absage. Daher musste ich mir einen anderen Weg suchen, um den gewünschten Beruf zu erlernen. Dieser Weg führte mich über das Arbeitsamt ins Ruhrgebiet. Drei Jahre verbrachte ich in Bochum und absolvierte dort meine Lehre als Bergmann. Ich eignete mir umfangreiche Kenntnisse in der Schmiedearbeit,

Schreinerei, Elektrik und Statik an, da man diese Fähigkeiten allesamt unter Tage brauchte, bestand meine Gesellenprüfung mit Bravour und bewarb mich mit meinen durchwegs guten Zeugnissen in meiner Geburtsstadt Sulzbach als Bergmann. Die Maxhütte, das große Stahlwerk, unterhielt in Sulzbach auch einige Erzgruben, den Annaschacht und die Grube Eichelberg – und sie verfügte über eine teilweise einmalige technische Ausstattung. Sie war das einzige integrierte Stahl- und Hüttenwerk in ganz Europa, welches auf engstem Raum alle Phasen der Produktion vom Erzabbau bis zum fertigen Endprodukt beinhaltete. Die beiden Walzenzugmaschinen waren Beispiele für technisch herausragende und hochentwickelte Anlagen und zählten zu den weltweit leistungsfähigsten Kolbendampfmaschinen. Insgesamt standen drei Dampfmaschinen in der Maxhütte, welche Anfang der 1900er Jahre gebaut und installiert worden waren. Nachts träumte ich vom Hochofen 3, einem einmaligen Exemplar mit Setzkübelbegichtung über Vertikalaufzug und elektrischen Möllerwagen. Bis ich Berta wieder traf.

Es war im Spätsommer. Ich nahm wie jedes Jahr meinen gesamten Jahresurlaub in einem Stück, um meinem Großvater bei der Ernte zu helfen. Er brauchte jede fleißige Hand, und mir taten die frische Luft und das weite Feld gut nach den unzähligen Stunden unter Tage. Außerdem brauchte ich etwas mehr Fleisch auf die Knochen, denn in Bochum war oft Schmalhans Küchenmeister. Ich freute mich schon Wochen vorher, da mein Großvater sich nicht lumpen ließ und jedes Jahr ein Schwein schlachtete, um alle Erntehelfer ausreichend zu versorgen. Nahrungsmittel waren als Bezahlung sehr beliebt, begehrter als harte Währung. Und um diese vielen Münder zu stopfen, half ein Mädchen vom Oberdorf mit in der Küche. Berta. Sie hatte schwarze Haare, die sie in zwei dicke Zöpfe geflochten hatte. Ihre dunklen Augen erinnerten mich an ein Reh. So scheu war sie auch, kein Wort zu viel kam über ihre Lippen. Ich hatte schon einige Erfahrung mit Mädchen während meiner Zeit in Bochum gesammelt, aber Berta ließ mich einfach abblitzen. Wohl auch, weil ich zu diesem Zeitpunkt so weit weg in Bochum arbeitete und ich nur zu Besuch war. Aber das sollte sich ja ändern.

Wie erhofft erhielt ich eine Zusage von der Maxhütte in Sulzbach und durch und durch glücklich kündigte ich fristlos meine Arbeit in Bochum. Zurück in der Heimat bei meinen Eltern musste ich zwar auf dem Küchenboden schlafen, aber nach der rein routinemäßigen ärztlichen Aufnahmeuntersuchung würde ich ja im Beruf durchstarten und gutes Geld verdienen. Was der Betriebsarzt etwas anders sah. Er beanstandete unregelmäßige Herztöne und riet mir, meine Mandeln entfernen zu lassen. Ansonsten könne er mich nicht zur Einstellung empfehlen.

Ich war am Ende. Wegen meiner fristlosen Kündigung in Bochum hatte ich keinen Anspruch auf Arbeitslosengeld. Und vor allem war ich nicht krankenversichert. Trotzdem ging ich zum Arzt, um anzufragen, wie viel denn so eine Operation kosten würde. Angesichts der Summe, die er nannte, fiel ich aus allen Wolken. Nie im Leben würde ich in meiner derzeitigen Lage so viel Geld von einer Bank geliehen bekommen – ohne Arbeit, ohne festen Wohnsitz. Der Arzt machte einige Untersuchungen und unterbreitete mir dann einen Vorschlag: Wäre ich bereit, nach der Operation im Krankenhaus zu bleiben und über mehrere Tage hinweg Blut zu spenden, könnte er das Geld für das Blut mit den Kosten für die Operation verrechnen. Ich habe da nämlich eine seltene Blutgruppe: AB Rhesusfaktor negativ. Ich stimmte zu, ließ mich tags darauf operieren und bezahlte mit meinem Blut. Danach ging es mir erst einmal dreckig. Sobald ich aber wieder einigermaßen auf dem Damm war, meldete ich mich beim Betriebsarzt der Maxhütte und wurde eingestellt. Ein Problem war damit aus der Welt, jetzt musste ich mir nur noch Gedanken um Berta machen.

Von meinem ersten Lohn kaufte ich mir einen anständigen Anzug und eine Krawatte, von meinem zweiten ein gebrauchtes Moped. So konnte ich jetzt jedes freie Wochenende die fast fünfzig Kilometer zu meinem Großvater fahren. Der freute sich über meine Besuche und sah es mit

Wohlgefallen, dass ich mich so für die Dorfjugend interessierte. Vielleicht hoffte er ja darauf, dass ich ganz bei ihm bleiben würde, aber ich hatte andere Pläne. Auf dem Tanzboden suchte ich nach Berta und lud sie auf ein Getränk ein. Wir plauderten und ich erkannte, dass sie nicht nur das schönste Mädchen war, das ich mir vorstellen konnte, sondern auch noch die gleichen Wertvorstellungen hatte wie ich. Sie sah bezaubernd aus in ihrem Sonntagskleid und hatte die Rundungen genau an den richtigen Stellen. Keine gefiel mir besser, und ich ließ sie keinen Moment mehr aus den Augen.

Nach einigen Monaten kaufte ich einen Lloyd 600 und spielte den Chauffeur für die staunende Dorfjugend. Ich holte Berta ab und lud sie zu einer Spazierfahrt ein. Sofort krabbelten alle ihre sechs Geschwister in das kleine Auto, eines sogar über die Rückbank in den Kofferraum. Berta machte sich große Sorgen, dass sie alle in den Wagen hineinpassten. Sie war so fürsorglich, weil ihre Mutter im Kindbett gestorben war und ihr Vater auch die zweite Frau durch Krankheit verloren hatte. Berta war in die Rolle der Mutter geschlüpft, und ihre neue Stiefmutter machte keinerlei Anstalten, ihr diese Bürde abzunehmen. Ich bewunderte sie für ihr Verantwortungsbewusstsein und ihre Zuneigung.

Wochenende für Wochenende fuhr ich von da an zu ihr, und wir gingen meist zum Tanzen.

Anders als die anderen dort tranken wir aber nicht Unmengen von Alkohol. Wir führten uns auch nicht auf wie die wildgewordenen Affen. Lieber unterhielten wir uns über unsere Pläne und Wünsche für die Zukunft. Für mich war es da schon lange keine Frage mehr: Ich wollte Berta heiraten und mit zu mir nach Sulzbach nehmen. Berta allerdings ließ mich immer noch nicht in ihr Herz blicken.

Dabei lief es in der Arbeit gut. Ich war zum Vorarbeiter befördert worden, und mein Einkommen konnte sich sehen lassen. Kurzentschlossen tauschte ich mein Zimmer, in dem ich zur Untermiete hauste, gegen eine eigene Wohnung, kaufte nach der Wohnungsübergabe Pralinen und Sekt und fuhr zu Berta aufs Land. Ich fragte sie, ob sie bereit wäre, mit mir Möbel zu kaufen. Als sie nach einigen Minuten Wartezeit, die mir wie die längsten in meinem Leben vorkamen, endlich zustimmte, küsste ich sie leidenschaftlich auf den Mund und zog sie hinter mir her zu ihrem Vater. Bei ihm hielt ich um die Hand seiner Tochter an, und Berta stand wie ein Ölgötze neben mir. Ich entkorkte den Sekt, öffnete die Schachtel mit dem Konfekt und nahm meine Verlobte bei der Hand. Ich war glücklich. Die Sache war geritzt und alles konnte seinen Lauf nehmen. Berta brauchte dann noch ein Weilchen, um sich an die Situation zu gewöhnen. Ich dagegen wollte so schnell wie möglich heiraten. Aber ich wusste: Hatte Berta erst einmal eine Entscheidung getroffen, konnte man auf die bauen.

Unsere Ehe brachte vier Kinder hervor, alle gesund, und mittlerweile drängen sich an den Festtagen schon sieben teilweise erwachsene Enkel um den Tisch. Im Laufe meiner Berufstätigkeit habe ich mich vom Vorarbeiter zum Möllermeister, dann zum Vizemeister, zum Schmelzmeister und am Schluss zum Sprengmeister für heiße Sachen hochgearbeitet. Wir haben uns ein Heim geschaffen und waren in der Lage, unseren Kindern einen guten Start ins Leben zu ermöglichen.

Inzwischen bin ich in Rente. Morgens stehen meine Frau und ich frühzeitig auf, um alle anstehenden Arbeiten zu verrichten. Wir essen, was meine Berta zu Mittag gekocht hat, und gönnen uns anschließend etwas Ruhe. Sonntags gehen wir gemeinsam in die Kirche und verrichten den einen oder anderen ehrenamtlichen Dienst. Im Sommer verbringen wir die Nachmittage in unserem eigenen Garten, und im Winter genießen wir die Wärme unseres Holzofens. Auch heute haben wir uns noch viel zu sagen, und was unsere Ansichten betrifft, ziehen wir immer noch an einem Strang.

Es war gut, dass ich bei meiner Berta so hartnäckig war, etwas Besseres als sie hätte mir in meinem Leben niemals passieren können.

Pizza für Laura

Laura war schon immer da. Sie tobte gemeinsam mit mir und den anderen Bambini durch die engen Gässchen meiner Kindheit, sie saß in der Schule wie selbstverständlich neben mir und schließlich habe ich sie geheiratet. Aber zunächst einmal zu mir. Mein Name ist Giovanni. Geboren bin ich 1940 in dem kleinen kalabrischen Städtchen Gerace, das majestätisch auf einem Felsen mit Blick auf das ionische Meer thront. Manchmal fällt es mir schwer, mich an diese besondere Stimmung zu erinnern, die in Kalabrien herrscht – an das Licht, den Duft, die vielfältigen Geräusche, die so anders sind wie hier in Deutschland.

Kalabrien ist ein sehr armer Landstrich ganz im Süden von Italien. Griechen, Römer, Araber und Normannen hinterließen hier im Laufe der Jahrtausende ihre kulturellen Spuren, ohne die Menschen nachhaltig aus ihrem Elend zu befreien. Ich hatte noch Glück, weil ich bei Franco eine Lehre machen konnte. Franco hatte das einzige Ristorante im Ort, das die Bezeichnung verdiente. Er war ein begnadeter Koch und übrigens auch ein ausgezeichneter Musiker, der das Bandoneon ebenso virtuos beherrschte wie er den Kochlöffel schwang. Bei Franco lernte ich, die klassischen Gerichte des italienischen Südens zuzubereiten: Die Aubergine als Königin der Küche Kalabriens in unzähligen Variationen, als raffiniertes Gericht mit Schweinefleisch oder auch Fisch, den es allerdings nur in den Küstenregionen zu kaufen gab. Die Arbeit war hart und sehr anstrengend, doch erreichte ich bis zum Ende meiner Lehre eine gewisse Meisterschaft in der Kochkunst. Ich gewann sogar einige Preise bei Kochwettbewerben, und für mich war klar, dass ich eines Tages in einem der großen Häuser in Rom oder Paris am Herd stehen würde.

Francos Tochter war jene Laura, die mich bis dahin schon mein ganzes Leben begleitet hatte. Wir beide verstanden uns hervorragend, und so stand für alle fest, dass wir in einigen Jahren heiraten und gemeinsam das Ristorante von Franco übernehmen würden. Doch es kam alles ganz anders.

Das Geschäft von Franco ging sehr schleppend, und zu jener Zeit verirrte sich nur ganz selten ein Tourist in unsere Gegend. Die Deutschen, die in großer Zahl über die Alpen kamen, wollten möglichst schnell ans Meer und pressten sich lieber an der Adria eng an eng oder ließen sich am Teutonengrill bräunen und ausnehmen, statt die herrlichen Strände Kalabriens zu besuchen. Franco musste sein Geschäft schließlich zumachen und bestritt seinen Lebensunterhalt fortan mit der kleinen Bar, die er außerdem noch besaß. Ich aber stand von einem Tag auf den anderen auf der Straße, ohne Aussicht auf Arbeit.

„Giovanni, du musst nach Deutschland“, sagte Laura zu mir und schaute mir dabei tief in die Augen. „Bevor du dich hier mit irgendwelchen krummen Geschäften eher schlecht als recht über Wasser hältst, arbeitest du lieber für zwei oder drei Jahre dort in einer Fabrik und kommst als gemachter Mann zurück. Dann eröffnen wir unser altes Ristorante wieder, bekommen einen Stall voller Kinder und sind glücklich bis zu unserem Lebensende.“

Also fuhr ich nach Neapel und ließ mich anwerben. Ich hatte keine Ahnung, was da auf mich zukam, doch blieb mir nichts anderes übrig. Ich würde wohl in einem Bergwerk schuften oder irgendwo Autos zusammenschrauben, sagte mir der unfreundliche Mann, den einzig interessierte, ob ich kräftig genug war, um die schwere Arbeit auszuhalten. Über Land und Leute erfuhr ich so gut wie nichts – und so begann mein Abenteuer in einem fremden Land mit einer fremden Kultur und fremden Menschen.

Ich nahm Abschied von Laura und fuhr mit dem Zug über den Brenner in dieses Deutschland, in dem nicht nur das Wetter kalt war. Ich weiß es noch heute, es war der 12. September 1961, als ich in München aus dem Zug stieg und in ein Sammellager gebracht wurde. Wir waren mehr als tausend Männer aus Kalabrien, Sizilien und Apulien, die mit großen Hoffnungen nach Deutschland gekommen waren. Mich schickte man in eine der zahlreichen Porzellanfabriken, die sich im Norden Bayerns wie Perlen an der Schnur reihten. Die Arbeit war schmutzig und heiß. Meine Aufgabe bestand vor allem darin, schwer beladene Wagen in den Tunnelofen zu schieben und sie nach dem Brennvorgang wieder herauszuziehen. Tag um Tag, Woche um Woche, Monat um Monat versah ich ohne zu murren meinen Dienst. Es war schrecklich: Ich verstand die seltsame Sprache meiner Kollegen nicht, kam mit dem faden Essen nicht zurecht, das sie uns in der Kantine hinstellten, und das Wetter war noch schlechter, als ich es mir in meinen schlimmsten Alpträumen ausgemalt hatte. Schon bald hatte ich furchtbares Heimweh nach der Sonne Kalabriens und schwor mir, möglichst schnell nach Hause zurückzukehren.

Laura schrieb ich lange Briefe, in denen ich von der schönen Landschaft in Deutschland schwärmte, von der Sauberkeit, die hier herrschte und den vielen „D-Mark“, die ich schon beisammen hatte. Davon, dass zu dieser Zeit an den Türen vieler Gaststätten Schilder hingen, die den Italienern das Betreten untersagten, schwieg ich lieber. Und auch, dass sie uns hier Spaghettifresser und Schlimmeres nannten.

Nach zwei Jahren reiste ich zum ersten Mal heim – und es wurde geheiratet. In der prachtvollen normannischen Kathedrale von Gerace habe ich meine Laura zur Frau genommen. Es folgten wunderbare Wochen und Monate in der Heimat, wir lebten sorglos in den Tag hinein, bis das schöne deutsche Geld zur Neige ging. „Wir müssen wieder nach Deutschland“, sagte Laura eines Tages – und sie sagte nicht nur, sie meinte „wir“. Denn von diesem Tag an haben wir uns nicht mehr getrennt. Gemeinsam stiegen wir in den Zug, gemeinsam arbeiteten wir in meiner alten Fabrik und gemeinsam suchten wir eine kleine Wohnung, in der wir schon bald zu dritt lebten: Sohn Gianni war geboren.

Doch das Glück, das uns eigentlich geschenkt worden war, wollte sich bei mir nicht so recht einstellen: Ich hasste meine Arbeit – und im Gegensatz zu Laura kam ich auch mit der fremden Sprache nicht zurecht. Laura erkannte schnell, dass sie Anschluss suchen musste, um nicht zu vereinsamen. Sie lernte in einer rasanten Geschwindigkeit deutsch, engagierte sich schon bald in der Kirchengemeinde und hatte bei uns daheim überhaupt die Hosen an. Während ich ständig jammerte, war Laura aktiv.

Schließlich ging ich ihr mit meinem Selbstmitleid auf die Nerven. „So geht das nicht weiter, wir machen ein Lokal auf“, beschloss meine geliebte Ehefrau – und ich machte, was sie beschlossen hatte. Im Zentrum der kleinen Stadt, in der wir lebten, hatte gerade eine Gaststätte geschlossen, wir konnten die Räumlichkeiten also mieten. Fehlte nur noch eine Idee, was wir dort anbieten sollten. Ich wollte natürlich kalabrische Spezialitäten kochen, schließlich hatte ich eine solide Ausbildung genossen.

Laura hingegen plädierte für eine Pizzeria. Pizza und einfache Nudelgerichte kamen damals in Deutschland so langsam in Mode, wir Italiener standen auf dem Sprung, die fade teutonische Küche zu revolutionieren. „Ich bin doch kein Pizzabäcker, ich bin gelernter Koch", sagte ich, als mir Laura ihren Vorschlag unterbreitete. „Das mag schon sein", antwortete mein kluges Weib, „doch als italienischer Koch wirst du in Deutschland scheitern, als Pizzabäcker hingegen Erfolg haben." Wir haben uns in dieser Nacht gestritten wie noch nie zuvor und auch danach in unserem Leben. Am Ende hat sich Laura dann wieder einmal durchgesetzt, und wir haben eine Pizzeria eröffnet.

Ganz am Anfang gingen die Geschäfte schleppend. Wenige Gäste verirrten sich zu uns, doch wer einmal da gewesen war, kam immer wieder. Und so wurde aus der „Pizzeria Franco", wie wir sie nach meinem Schwiegervater nannten, eine Erfolgsgeschichte. Erst mussten wir Personal einstellen, dann zogen wir in größere Räumlichkeiten um. Schon nach wenigen Jahren konnten wir das Haus kaufen, in dem sich unser Lokal befand. Waren es am Anfang vor allem Pizza oder Lasagne, die wir unseren Gästen verkauften, gelang es mir im Lauf der Zeit, immer mehr kalabrische Spezialitäten auf der Speisekarte unterzubringen.

Das sprach sich schnell herum, und je mediterraner und weltoffener die deutsche Kultur wurde, desto größer war der Ansturm bei „Franco“. Jahr um Jahr stand ich in der Küche und zauberte raffinierte Gerichte, die zunehmend deutsche Liebhaber fanden. Laura bediente oder versorgte unsere Kinder, die an Zahl ständig zunahmen. Nach Gianni kamen noch vier Geschwister – und am Ende als Nachzügler Laura, wie ich zugeben muss, meine Lieblingstochter.

Laura hat übrigens gemeinsam mit ihrem Mann Paul, einem Sternekoch, unser Lokal übernommen und noch einmal erweitert. Noch immer heißt es „Franco“, doch stehen neben den traditionellen Gerichten aus dem Süden Italiens nun auch raffinierte deutsche Speisen auf der Karte. Nie hätte ich gedacht, dass sich deutsche und italienische Küche so gut ergänzen können. Ich hatte mir aber auch nicht vorstellen können, dass die beiden Kulturen, die sich anfangs so fremd waren, so eng verschmelzen können. Unsere Kinder sprechen fließend beide Sprachen, sie alle haben deutsche Partner geheiratet und wieder Kinder bekommen.

Meine Laura ist richtig stolz auf ihre Kinder. Alle haben sie es auf das Gymnasium geschafft und ihr Abitur bestanden. Sie sind Ingenieure, Wissenschaftler oder Schriftsteller. Nur die junge Laura hat Köchin gelernt. Für sie stand von Anfang an fest, dass sie eines Tages das Lokal übernehmen wird, in dem sie praktisch aufgewachsen ist. In der Lehre lernte sie Paul kennen, der sofort begeistert war von der Idee, ein deutsch-italienisches Spezialitätenlokal aus „Franco“ zu machen.

Vergangene Woche habe ich übrigens meinen 77. Geburtstag gefeiert. Ich stehe nun nicht mehr jeden Tag in der Küche, das überlasse ich mit ruhigem Gewissen Paul. Doch ab und zu komme ich, um ein bisschen mit ihm zu kochen. Dann diskutieren wir stundenlang darüber, wie man dieses oder jenes Gericht noch feiner oder schmackhafter zubereiten kann. Am Ende eines langen Tages sitzen wir dann auf der kleinen Bank im Garten unseres Lokals und trinken zufrieden ein Glas Wein. Wir unterhalten uns oft auch über unsere Lauras. Einmal erzähle ich von meiner Laura, dann erzählt Paul von der seinen. Und mittendrin müssen wir beide heftig lachen, weil wir merken: Unsere Lauras sind sich so sehr ähnlich, dass wir eigentlich von derselben Frau reden. Dann stehen wir wieder auf und gehen gemeinsam zurück in die Küche. Dort gibt es Pizza – für Laura.

Vorfahrt für Irene

Als ich Irene das erste Mal sah, war es um mich geschehen. Hals über Kopf verliebte ich mich in diese wunderbare Frau, eine dunkelhaarige Schönheit, schlank, groß – und intelligent, wie sich später herausstellen sollte. Nur leider verliebte sich Irene nicht in mich. Im Gegenteil: Als sie mich im roten Sportwagen von Horst sitzen sah, streifte mich nur ihr verächtlicher Blick. Leicht zog sie ihren Mundwinkel nach oben, um mir zu signalisieren, dass ich damit in vollem Umfang durch ihre Charakter-Prüfung gefallen war.

„Wer sonst nichts zu bieten hat, der kauft sich ein amerikanisches Auto, damit er wenigstens ab und zu ein Erfolgserlebnis hat“, schnaubte sie in Richtung ihrer Freundin, drehte sich abrupt um und verschwand im Gewirr der Gassen von Regensburg. „Wer braucht schon so eine dämliche Zimtzicke“, grollte Horst, legte den Gang ein und ließ seine weiße Corvette C1 mit den roten Ledersitzen die Maximilianstraße hinunter galoppieren.

Horst war in der Mitte der 1950er Jahre mein bester Freund. Oder besser gesagt: Ich war sein bester Freund, da sein einziger. Denn obwohl die

Familie von Horst steinreich war, konnte diesen großspurigen jungen Mann, der am liebsten in weißen Tennisklamotten in seinem Sportwagen durch die Stadt fuhr, um Mädchen aufzureißen, niemand so recht leiden. Zumindest, was den männlichen Teil der Bevölkerung anging. Viele Damen hingegen dachten da anders. Sie nahmen in der ärmlichen Nachkriegszeit gerne mit, was sie bekommen konnten. Ein paar Wochen oder Monate – je nachdem wie lange die Gunst von Horst anhielt – ein bisschen Luxus statt Kohlsuppe und Bohnerwachs. Dafür überwanden sie ihre Angst vor dem unvermeidlichen Ende und ließen sich auf das gefährliche Spiel mit dem gefürchteten Playboy ein. Horst war nicht nur sehr reich, er sah auch verboten gut aus. Groß, schlank, stets braun gebrannt, das halblange Haar mit Pomade nach hinten gekämmt, lässig die Zigarette im Mundwinkel. So kannte man den Brauereierben in der Stadt Regensburg.

Regensburg war damals nicht die Boomtown, die sie heute ist. Eher ein verschlafenes Provinzstädtchen, dessen Entwicklungslinie steil in Richtung Abgrund zeigte. Zehn Jahre nach dem Krieg existierte hier kaum Industrie, der Handel bewegte sich in bescheidenen Bahnen und die jungen Leute, die Karriere machen wollten, gingen nach München, Frankfurt oder Hamburg. Wer da blieb, fand sich im eisernen Griff der katholischen Kirche und deren lustfeindlichen Moralvorstellungen.

Sonntag für Sonntag predigten der Domprobst oder der Bischof über moralische Verfehlungen, die einzelne Bürger begangen hatten. Dabei schreckten sie nicht davor zurück, sogar einzelne Namen zu nennen und bestimmte Personen an den Pranger zu stellen.

Am häufigsten wurde Horst genannt. Für die Kirche das Sinnbild des Satans, ein Verführer, der an die niedrigen Instinkte der Menschen appellierte, um ihre Gunst zu gewinnen. Horst war das natürlich herzlich egal. Er machte sich im Gegenteil einen Spaß daraus, mit seinem Sportwagen regelmäßig an der Wohnung des Dompropsts vorbeizufahren, damit der einen hervorragenden Blick auf die Dame werfen konnte, die gerade in seiner Gunst am höchsten stand. Der Klerus schäumte, konnte letztendlich aber nichts unternehmen, weil auch die Kirche über opulente Spenden vom Reichtum profitierte, den der Vater von Horst besaß. Eine der größten Brauereien der Stadt war nur ein Standbein seines Wohlstands. Die Familie besaß darüber hinaus unzählige Häuser in ganz Bayern, dazu Grundstücke in den besten Lagen von Regensburg, München oder Nürnberg. Horst wusste, er würde niemals in seinem Leben arbeiten müssen – und er genoss das hemmungslos.

Beinahe wöchentlich schmiss er zu dieser Zeit rauschende Feste, behängte seine jeweiligen Favoritinnen mit Schmuck und sorgte dafür, dass ich, sein Freund, immer etwas von seinem märchenhaften Reichtum abbekam. Meiner Familie ging es nicht schlecht. Mein Vater war hoher Beamter bei der Regierung, meine Mutter sorgte für den Haushalt und die sechs Kinder. Wir wohnten damals in einer riesigen Altbauwohnung mit einer großen Dachterrasse mitten in der Altstadt. Mutter wollte ja immer etwas Modernes am Stadtrand haben, doch Vater liebte diesen Blick auf die Donau, den man von der Terrasse genoss, und war nicht zu einem Umzug in eine der gesichtslosen Trabantensiedlungen zu bewegen. Wie gesagt, es ging uns nicht schlecht, große Sprünge konnte meine Familie aber nicht machen, und so gefiel es mir natürlich, dass ich mir von Horsts Wohlstand eine kleine Scheibe abschneiden konnte.

Horst kannte ich aus der Schule. Wir waren Klassenkameraden gewesen und hatten vor einem Jahr das Abitur gemacht. Weil ich zu diesem Zeitpunkt noch nicht wusste, was ich einmal werden wollte, kellnerte ich in einem amerikanischen Casino in der großen Kaserne. Der Job gefiel mir. Ich lernte sehr schnell Englisch und verdiente sehr gut im Vergleich zu meinen Altersgenossen. Es war eine herrliche Zeit. Das Leben lag praktisch noch vor mir, ohne dass ich mich jetzt schon entscheiden musste, wie es später einmal aussehen sollte. Wir lebten einfach in den Tag hinein, gingen im Sommer zum Baden an den See, fuhren im Winter Ski in St. Moritz und hielten ansonsten Hof im örtlichen Tennisclub – und Horst bezahlte das alles.

Aber auch diese wunderbare und unbeschwerte Phase meines Lebens ging einmal zu Ende. Vater drängte mich immer massiver, nun endlich ein Studium anzufangen oder einen soliden Beruf zu lernen, und Mutter jammerte praktisch den ganzen Tag, weil ich mich mit so einem windigen „Filou" wie diesem Horst abgab. Für mich war das ganz in Ordnung so, denn seit ich Irene das erste Mal gesehen hatte, ging sie mir nicht mehr aus dem Kopf. Seit diesem Tag machte mir das leichte und unbeschwerte Leben mit Horst keinen rechten Spaß mehr. Ich musste diese Frau vergessen. Und um das zu erreichen, musste ich möglichst weit weg von zuhause. Also entschied ich mich dafür, an der vor einigen Jahren gegründeten Freien Universität in Berlin zu studieren – Politikwissenschaften und Geschichte.

Berlin war zu dieser Zeit eine Trümmerstadt und umso glücklicher war ich, dass ich bei einer entfernten Verwandten im Wedding wohnen konnte. Von dort aus fuhr ich mit der U-Bahn an die FU, um – ja was eigentlich? Denn so richtig wusste ich zu diesem Zeitpunkt noch gar nicht, was ich eigentlich werden wollte und warum ich ausgerechnet hier studierte.

An meinem ersten Tag betrat ich also etwas unschlüssig das Verwaltungsgebäude der FU, um die letzten Formalien zu erledigen, bevor es mit dem Studium richtig losging. Vor dem Sekretariat stauten sich die Menschen. Die einen warteten, bis sie dran waren, die anderen lasen einen der zahlreichen Aushänge an den Schwarzen Brettern. Ich stupste von hinten eine Frau an, die mich daran hinderte, zum Sekretariat vorzudringen. „Entschuldigung, könnte ich bitte mal durch. Ich muss da hinein", sagte ich.

Die Frau drehte sich um und ich erkannte sie sofort: Irene. Ihre unergründlich tiefen braunen Augen musterten mich belustigt, sie zog einen Mundwinkel nach oben und lachte. „Da schau an, der kleine Angeber", sagte sie mit ihrer tiefen Stimme, und mir rutschte von einem Moment auf den anderen das Herz in die Hosentasche. Irene, ausgerechnet hier, wo ich war, um sie endgültig zu vergessen. „Äh, ah, hallo Irene", stotterte ich und wurde rot. Was sie noch mehr belustigte. „Da schau an. So rot waren doch ungefähr die Ledersitze in diesem Angeberauto von deinem Angeberfreund, wenn ich mich nicht irre!"

Wie ich es geschafft habe, weiß ich heute nicht mehr. Doch es gelang mir tatsächlich, Irene zu einem Kaffee einzuladen. Überraschenderweise sagte sie sofort ja. Von diesem Tag an sahen wir uns regelmäßig. Schnell stellten wir fest, dass wir sehr viele gemeinsame Interessen hatten. Und so wurde Irene die große Liebe meines Lebens. Später einmal hat sie mir gestanden, dass sie sich an diesem Tag in Regensburg, als wir uns das erste Mal sahen, auch in mich verguckt hatte. Sie wollte das gegenüber Horst aber nicht zeigen, den sie überhaupt nicht ausstehen konnte. Horst hatte kurz zuvor ihre Schwester verführt und sie nach einigen Wochen wieder abgelegt wie ein gebrauchtes Kleidungsstück. Irene hasste ihn dafür – und seine Freunde hasste sie automatisch mit.

Irene und ich haben beide unser Studium beendet. Gleich danach wurde geheiratet und ein paar Monate später kam auch schon Stefan zur Welt, unser Erstgeborener. Er sollte im Lauf der Jahre noch einen Bruder und zwei Schwestern bekommen. Irene überließ gemäß dem damaligen Rollenmodell mir die Rolle des Ernährers und stellte sich ganz in den Dienst der Familie. Neben ihrer anstrengenden Arbeit als Hausfrau und Mutter schrieb sie zahlreiche Kinderbücher, die sich sehr gut verkauften und unseren in den kommenden Jahren bescheidenen Wohlstand zusätzlich mehrten.

Ich selbst fand eine Stelle bei der Berliner Verwaltung. Schnell stieg ich auf der Karriereleiter nach oben und fiel schon bald ins Blickfeld des Regierenden Bürgermeisters Willy Brandt. Als der dann Kanzler wurde, holte er mich nach Bonn in die damalige Bundeshauptstadt, wo ich eine rasante Karriere hinlegte. Über mehrere Jahrzehnte arbeitete ich im Wirtschaftsministerium, zeitweise stand ich als verbeamteter Staatssekretär direkt an der Seite des zuständigen Ministers. Wir wohnten in einem schönen Haus direkt am Rhein, was mich an meine Kindheit an der Donau erinnerte.

Die Kinder wurden groß und verließen uns, eines Tages endete auch mein Berufsleben. Irene war es, die schließlich vorschlug, in die alte Heimat zurückzukehren. Dort wollte sie auf der Terrasse unserer alten Wohnung sitzen und schreiben, die ich nach dem Tod der Eltern meinen Geschwistern abgekauft hatte, die dafür keinen Sinn besaßen. Wir haben die Wohnung renoviert und barrierefrei gestaltet. Wo früher eine schmale, knarzende Treppe ins Obergeschoss führte, ermöglicht es uns heute ein moderner Aufzug, so lange in unserem Reich zu bleiben, wie es die Gesundheit einigermaßen erlaubt.

Doch noch sind wir beide sehr rüstig und lieben die stundenlangen Wanderungen in der Region, mit denen wir uns fit halten. Neulich habe ich mir eines dieser modernen Elektroautos gekauft, das so gar nichts mehr gemein hat mit der röhrenden und protzigen Corvette, mit der Horst einst die Maximilianstraße unsicher gemacht hat.

Apropos Horst. Manchmal sehen wir ihn noch. Horst war viermal verheiratet, letztendlich hat er es aber bei keiner Frau länger ausgehalten. Er führt ein sorgenfreies Leben, doch in den letzten Jahren ist es einsam um ihn geworden. Viele seiner alten Kumpels sind schon gestorben und trotz der Sportwagen, die er immer noch fährt, und seiner gefärbten Haare bleibt der Erfolg beim weiblichen Geschlecht inzwischen nachhaltig aus.

„Beinahe könnte ich Mitleid mit ihm bekommen“, hat Irene vor kurzem gesagt und mit einem spöttischen Lächeln ihren Mundwinkel leicht nach oben gezogen.